Mit Fotos von
Julius Weitmann und
Alois Rottensteiner
Umschlagfoto: Mercedes W 125 (Foto Julius Weitmann)
und Niki Laudas Formel-I-Ferrari (Foto Alois Rottensteiner)

ISBN 3 8000 3125 6
J 696/1
Alle Rechte vorbehalten
Umschlag von Herbert Schiefer
© 1974 by Verlag Carl Ueberreuter Wien · Heidelberg
Hergestellt von Carl Ueberreuter Druck und Verlag (M. Salzer)
und Großbuchbinderei Thomas F. Salzer KG, Wien
Printed in Austria

Helmut Zwickl,
Jahrgang 1939, geboren in Wien.
Schulzeit: begabt aber faul, war im
Fußball besser als in Latein und
Mathematik, mit 21 die ersten Artikel
über Motorsport in Wiener Zeitungen,
„die damals diesen Sport überhaupt
nicht zur Kenntnis nahmen".
Hobby-Journalist bis 1967, stand dann
am beruflichen Scheideweg und gab
dem Journalismus den Vorrang,
anstatt eine kleine Farbenfabrik zu
übernehmen, in der er als
Chemiker tätig war.
Als Motor-Mitarbeiter des Kuriers (Wien)
und der angesehensten
deutschsprachigen Motor-Magazine, wie
Auto Motor und Sport, Sport Auto,
Sport-Zürich, Automobil-Revue (Bern),
sowie als Mitarbeiter des ORF und der
Wiener Auto Revue gilt er als Spezialist
für hautnahe Grand-Prix-Reportagen.
Von Jänner bis Oktober ist
Helmut Zwickl zwischen Dayton
und Zeltweg unterwegs zu den
großen Rennen.
Neuestes Hobby: die Fliegerei

Inhalt

1

Bugatti, Schönheit vor Leistung – oder: Eine Legende, die zum Mythos wurde

Seite 11

2

Caracciola gegen Rosemeyer – oder: Die Silberpfeilnostalgie

Seite 20

3

Fangio – oder: Der Mann, der seine Gegner düpierte

Seite 34

4

Sein Schicksal war ein Jaguar – oder: Mike Hawthornes Schuld und Sühne

Seite 54

5

Ein Bumerang, der Brabham hieß – oder: Lorbeeren für den Eigenbau

Seite 61

6
Ford hielt Wort – oder:
Le-Mans-Sieg
um jeden Preis

Seite 69

7
Liegen beim Siegen oder:
Russisches
Roulett à la Lotus

Seite 84

8
Das Spiel auf einer
Saite – oder:
Die Euphorie
eines Augenblicks

Seite 105

9
Das Wunder aus der
Scheune – oder:
Die Stewart-Tyrrell-
Handschlag-Ehe

Seite 121

10
Die Marathonläufer aus
dem Schwabenland – oder:
Porsche-Siege
durch technischen K. o.

Seite 136

11
Ferrari – oder:
Ein Pferd,
das springt und lahmt

Seite 150

Tazio Nuvolari: fuhr mit dämonischer Kraft; der von ihm ersehnte Tod auf der Rennbahn blieb dem Italiener letztlich versagt

Bugatti, Schönheit vor Leistung — oder: Eine Legende, die zum Mythos wurde

Zwischen 1911 und 1938 öffneten sich die messingbeschlagenen Eichentüren der Molsheimer Bugatti-Fabrik für rund 6600 Automobile. Etwa 280 davon waren reinrassige, heißblütige Rennwagen. 1947 starb jener Mann, dessen Name auf den hufeisenförmigen Kühlern nie verblassen wird: Ettore Bugatti, »Le Patron« genannt. Zu Lebzeiten rankten sich schon Legenden um den Bildhauer Bugatti, nach seinem Tod wurde die Legende um ihn und seine Autos zum Mythos und die »Bugattisten« zu einer Sekte unter den Autoliebhabern.

Etwa 1500 Bugatti dürften, verstreut über die ganze Welt, noch existieren. Die Zeit ist vorbei, wo ein Bugatti abgewrackt in einer alten Scheune dahinrostet, vergessen und verkannt, ausgestoßen in jahrzehntedickem Staub. Sogar in den Oststaaten haben vermögende Bugatti-Liebhaber alle Quellen so lange angebohrt, bis sie fündig wurden. Den Bauer, der in dem Vehikel mit dem Hufeisenkühler nicht den Goldklumpen ahnt, wird man immer seltener finden.
Die meisten Bugatti zählt man in den USA. Eine Bestandsaufnahme in Deutschland würde rund 25 Stück ergeben, von jener privaten Sammlung abgesehen, die für die Fans gar nicht existiert, obwohl sie mit 151 Exemplaren die größte Bugatti-Sammlung der Welt darstellt. Ein Fabrikant namens Fritz Schlumpf hat sie zusammengerafft und damit den freien Bugatti-Markt in eine »katastrophale Dürre« – so einer aus der Sekte – manövriert. Und noch etwas erbittert die Enthusiasten maßlos: Niemand hat in dieses Bugatti-Mausoleum Zutritt.
Bugatti werden in aller Welt gehegt, gepflegt, poliert, restauriert, gehütet – und wenn überhaupt, dann werden sie nur zu astronomischen Preisen verkauft.
»Ersatzteilsorgen haben wir trotzdem keine«, weiß Deutschlands Bugatti-Papst Kurt Kiefer zu berichten, »wir sind doch eine verschworene Familie, wir helfen uns gegenseitig weiter.«

»Verschworene Familie«, so tönt's auch aus dem Munde des alten Louis Chiron, der zehn Jahre lang die schärfsten Bugatti-Renner lenkte. Chiron, der mehr Grand Prix auf diesen blauen Wunderwerken gewinnen konnte als sonst ein Fahrer. Seine Bugatti-Zeit wird er nie vergessen: die Siegesfeiern, die tagelang ausgedehnt wurden, die gemeinsamen Reisen mit »Le Patron«, die Abendessen in den feinsten und teuersten Restaurants, die Jagden hoch zu Roß, die großen Gesellschaften im Schloß der Bugatti, bei denen die europäische Aristokratie zum Stammpublikum zählte.

Auf dem Schreibtisch von Kurt Kiefer wird der Schebler-Vergaser seines mehr als vier Jahrzehnte alten Bugatti Typ 49 als Briefbeschwerer aufbewahrt. Längst atmet der Achtzylindermotor durch einen Solex-Vergaser, der viel leichter einzuregulieren ist. Kiefer sagt, sein Typ 49 würde spielend 130 laufen, anderseits: wozu, ein so wertvolles Schmuckstück sollte man besser in einer mit Samt ausgelegten Schatulle hüten. 1930 kostete Kiefers Bugatti 14.000 Mark, 1935 kaufte er ihn, schon etwas verlottert, um 2300 Mark, und nun steht er mit einer fünfstelligen DM-Summe im Kurs. Man bietet ihm bereits 20.000 und mehr. Jedes Angebot entlockt Kiefer aber nur ein mitleidiges Lächeln.

Kiefer renommiert gerne mit einer Wette. Dabei geht es um folgendes: Sein Bugatti laufe im vierten Gang so langsam, daß er aussteigen und neben dem Wagen herlaufen könne. Es geht meist um eine Flasche Champagner. Kiefer läuft tatsächlich nebenher und lenkt dabei den Wagen. Er hat noch nie verloren.

Bugatti-Cockpits sind eng, das Einsteigen muß gelernt sein. Das Lenkrad hat man im Bauch, die Arme sind stark abgewinkelt. Beizender Ölgeruch – manche fahren mit hochwertigem Rizinus – steigt in den Nasen wie Chanel 5 hoch. Das Starten ist eine unheilvoll klingende Prozedur. Wird das Öl in den Venen des Motors einmal warm und die metallenen Muskeln, die Blöcke und Gehäuse, Wellen und Zahnräder beginnen sich auszudehnen, so ändert der Motor seinen Klang. Bugatti sind beinhart gefedert. Die Rennfahrer früher trugen stets ein Mieder zum Nierenschutz. Das große Holzlenkrad und der Schalthebel verlangen nach kräftigen Männerhänden. Für die Pedalerie sind gestählte Beine vonnöten. Die Vorderräder sind einwärts geknickt. Außer Benzin und Öl fressen Bugatti am liebsten Zündkerzen. Lohnt sich der ganze Götzendienst überhaupt?

Nachdem der 1881 in Mailand geborene Ettore Bugatti 1909 in dem elsässischen Städtchen Molsheim seine eigene Fabrik einzurichten begann, startete er die Produktion mit dem Typ 13; ein hochbeiniger Vierzylinder mit 1327 ccm Hubraum, der 22 PS in die Wiege bekam. Das Wort Produktion müßte unter Anführungszeichen stehen, denn

die Bugatti wurden zu keiner Zeit produziert, sondern sie entstanden wie Skulpturen eines Bildhauers. Schönheit hatte selbst vor Leistung den absoluten Vorrang. So wurden die rechteckigen Zylinderblöcke von einem Arbeiter tagelang poliert. Ettore Bugatti hielt durch ständiges Kneten in seiner Tasche einen Batzen Ton weich, um sofort irgendwelche technische Details formen zu können. Zuerst kam die Form – dann lange nichts.
Er war von der Idee besessen, alle Details in seinem Werk anzufertigen. Und man erzählt sich die Geschichte, daß er sogar die Reifen in Eigenregie herstellen wollte, als seine Typ-35-Rennwagen beim französischen Grand Prix wegen unzulänglicher Reifen aufgeben mußten.
Die große Bugatti-Ära fällt in die Jahre 1922 bis 1935. Die Wagen mit dem Hufeisenkühler gewannen mehr Rennen als jede andere Marke. Zwischen 1924 und 1927 zählte man für den Typ-35-Rennwagen, diese 2-Liter-Imitation vom Grand-Prix-Wagen (Typ 35A), insgesamt 1851 Siege. Privatfahrer in ganz Europa pilgerten nach Molsheim, um ihre Waffe persönlich abzuholen, die sie dann beim Grand Prix oder im kleinen Bergrennen abschossen.
Zwischen 1925 bis 1929 war Bugatti auf Siege in der Targa Florio abonniert. Unter Hunderten von Bugatti-Fahrern schafften aber nur wenige den Sprung in den Rennstall des Werkes: Emilio Materassi, Robert Benoist, Jean Pierre Wimille, René Dreyfus, Graf Gastone Brilli-Peri, Graf Stanislaus Czaykowski, Louis Chiron, Achille Varzi, Tazio Nuvolari – nur um die geläufigsten Namen zu nennen.
Man kreidet dem heutigen Profirennfahrer eine gewisse Geldgier an. Doch auch in den dreißiger Jahren waren die Spitzenfahrer zu jedem Trapezakt bereit, wenn es darum ging, Geld zu machen. Ein Millionen-Cup, wie er von Varzi, Nuvolari und Borzacchini 1933 in Tripolis gestartet wurde, wäre heute einfach undenkbar.

Die Feinde, die nur einmal Frieden schlossen

Sie waren Italiener, und sie fuhren ihre ersten Rennen auf dem Motorrad. Schon damals lagen sie sich in den Haaren. Später nahmen sich Tazio Nuvolari und Achille Varzi jeder noch zwei Räder dazu. Nuvolari gewann 1927 auf Bugatti den Grand Prix von Rom und das Gardasee-Rennen. Varzi versuchte sich 1928 auf Bugatti, wurde Zweiter in Tripolis und Zweiter in Monza – aber auf Alfa Romeo. In der gleichen Saison wetteiferte Nuvolari (Jahrgang 1892) mit Siegen in Tripolis, Alexandrien und Rom. 1929 probierte Nuvolari in Monza einen Talbot, wurde Zweiter und stieg dann sofort auf den Wagen um, mit dem Varzi

*Der Holländer Guillaume Prick (am Steuer) will nach seinem Tod
im Bugatti sitzend
mit Benzin übergossen und verbrannt werden
(Foto Julius Weitmann)*

Siege in Monza, Montenara, Rom und Alexandrien feierte: Alfa Romeo.
1930 dürfte die Rivalität der beiden ihren Höhepunkt erreicht haben. Ein Krieg war vom Zaun gebrochen, der mit immer schärferen Degen geführt wurde. Zuerst begann man sich in Spitzkehren aus der Bahn zu rempeln. Das Tempo war nicht hoch, ein querstehender Wagen leicht abzufangen. Mit der Zeit wagte man die faulen Tricks bei immer höheren Geschwindigkeiten. Als der um zwölf Jahre jüngere Varzi bei einem Rennen in Alexandrien seinem Feind wieder einmal einen gezielten Rammstoß verpaßt, Nuvolari sich daraufhin wie ein Kreisel von der Bahn dreht, ist Feuer auf dem Dach. Nuvolari schwört bittere Rache.
So verschieden die beiden Italiener vom Charakter her waren, so unterschiedlich war auch ihr Fahrstil. Nuvolari fuhr stets mit einem grellgelben Pullover, der Varzi reizte wie rotes Tuch den Stier. Nuvolaris Gesicht wirkte verwegen: so stellt man sich einen Piraten aus dem Mittelalter vor, auf dessen Schiff die Totenkopfflagge weht. Seine Haut war von Wind und Wetter zu Leder gegerbt. Nuvolaris Fahrstil war hart, für den Wagen brutal. Varzi hingegen achtete auf ein sehr vornehmes Aussehen. Seine Hosen zeigten messerscharfe Bügelfalten, selbst sein Mittelscheitel sah aus, als würde er ihn alle paar Stunden mit dem Lineal neu ziehen. Varzi fuhr mit Gefühl, mit Herz, er zirkelte um Kurven eine bestechend schöne Linie. Nuvolari hielt nichts davon. Er wuchtete mit dämonischer Kraft die schweren Starrachser um eine Rennstrecke. Varzi sah man nie lachen. Ein ernster, verschlossener Typ, träumerisch bis hintergründig, wie Zeitgenossen ihn schildern.
Tripolis 1933. Eines der schnellsten Rennen der zwanziger und dreißiger Jahre. Borzacchini hatte 1930 mit 145,7 km/h Schnitt gewonnen. Das Rennen ist mit einer Lotterie verbunden. Die Lose, die in ganz Italien verkauft werden, tragen die Startnummern der Rennautos. Die Hauptgewinne werden drei Tage vor dem Rennen gezogen. Auf diese Weise sieht sich ein Mann aus Pisa im Besitze eines Loses, das die Startnummer von Achille Varzis Bugatti trägt. Der Mann aus Pisa sucht Varzi im Hotel auf. Mit leiser Stimme unterbreitet er dem Meisterfahrer ein Angebot: »Wenn Sie gewinnen, teilen wir.« Varzi steckt sich eine

Zigarette an. Der Mann macht ihn neugierig. »Wie hoch«, will Varzi wissen. – »Sie bekommen von den siebeneinhalb Millionen drei!«
Varzi überlegt. »Wenn aber Nuvolari oder Borzacchini siegt, was dann?«
Der fremde Mann lächelt. »Signor Varzi, das ist eigentlich Ihre Sache. Oder soll ich noch deutlicher werden? Bieten Sie jedem der Herren eine Mille, und man wird sich arrangieren...«
Die Mellaha-Rennstrecke flimmert in der Sonne, der Wind bläst Sand über die Straße. Das Volk drängt sich ausgedörrt auf den Tribünen. Das Rennen beginnt wie erwartet: Nuvolari schießt an die Spitze, Borzacchini und Varzi heulen hinter ihm her. Das Feld ist schnell zerrissen, die ersten Motoren geben den Geist auf. Kaum jemand bemerkt, wie stümperhaft Borzacchini von der Straße abkommt. Er gibt einfach auf. Varzis Bugatti röhrt etwas rauh, die Drehzahl fällt. Schon beginnt der Achtzylinder unrhythmisch zu pfauchen. Eine Panne? Sie käme Varzi sehr ungelegen. Er pumpt mit dem Gaspedal, der Motor aber läßt nicht mehr mit sich spielen. Er will einfach verenden.
Nuvolari schaut immer wieder in seinen vibrierenden Rückspiegel. Wo nur Varzi bleibt? Die letzte Runde wird signalisiert. Blitzschnell sich was einfallen lassen. Auf der Zielgeraden läßt er den Alfa ausrollen. Laut schreit er nach Benzin. Monteure laufen mit einer Kanne zum Wagen und kippen Sprit in den Tank. Seltsam, die Monteure verstehen das nicht: im Tank ist noch genug Benzin. Nuvolari ist nervös, endlich sieht er Varzi auftauchen. Wie lange es dauert, bis der lahme Bugatti näher kommt! Nuvolari bremst, schaltet noch um einen Gang zurück, endlich überholt ihn der Bugatti. Varzi siegt, und zum erstenmal bleibt Nuvolari völlig ruhig. »Ich muß jetzt aber fluchen, was das Zeug hält«, sagt er sich, und als seine Monteure ihn in Empfang nehmen, legt er einen perfekten Wutanfall auf die Bühne.
Schon hört man die ersten Stimmen, die von Schiebung reden. Die Rennleitung droht einigen Fahrern mit Lizenzentzug. Funktionäre fordern Aufklärung. Das Publikum weiß nicht recht, was da gespielt wird. Die Untersuchungen sind sehr schnell festgefahren. Bald glätten sich die Wogen der Aufregung.
In einem Hotelzimmer sitzen die Erzfeinde Varzi und Nuvolari – wohl das erste und letzte Mal – friedlich vereint an einem Tisch. Zusammen mit Borzacchini werden drei Millionen Lire in drei Hälften gebündelt. Die Türen sind versperrt, man hat Sekt kalt gestellt. Und als jeder seine Million in der Tasche spürt, plaudert man heiter von gemeinsamen Erlebnissen.
»Erinnerst du dich an Monte Carlo?« fragt Varzi. Und Nuvolari

nickt. Sein Alfa fing Feuer, brannte aus, Tazio begann zu schieben, Meter für Meter, bis er vor dem Ziel zusammenbrach. Varzi bekam mit seinem Bugatti Typ 51 als Erster die Flagge.
Borzacchini wurde damals sogar Zweiter.
Über den Millionen-Cup von Tripolis konnte sich Borzacchini nicht lange freuen. In Monza kollidierte sein Maserati mit dem Alfa Romeo von Campari, man fuhr fast 200 km/h, als die Wagen sich verhängten, sofort zum Überschlag ansetzten und im nächsten Augenblick explodierten. Beide Fahrer wurden getötet.
Um wieder zu Bugatti zurückzukehren: Unter den vielen Fahrern, die sich den Wagen aus Molsheim bedingungslos verschrieben, waren böhmische Fürsten, italienische Grafen, Fabrikanten aus Berlin, Großgrundbesitzer aus Sachsen, Bankiers aus München, Lords aus London. Man findet den Frauenarzt aus Brünn, den Baron aus Paris, eine polnische Gräfin, einen englischen Flieger, einen rumänischen Prinzen und aus Frankreich einen Hundezüchter.
Da waren die Juneks aus Prag, ein vermögendes Ehepaar: Vincenz war Bankier, und seine Gattin Elisabeth hatte ihren eigenen Bugatti. Er fuhr Rennen, sie fuhr Rennen. 1928 hätte sie um ein Haar das schwierigste Straßenrennen der Welt, die Targa Florio in Sizilien, gewonnen.
Sie trainierte länger und härter als die Männer. Sieben bis acht Stunden am Tag war sie in der ausgeglühten Mondlandschaft unterwegs, um jede Kurve zu studieren, jede Bodenwelle zu erforschen, Abgründe auszuloten. Oft marschierte sie zu Fuß um eine besonders tückische Kurve. Die Männer lächelten über ihren Ehrgeiz.
36 Wagen standen am Start, die Marke Bugatti war von der Zahl her dominierend. Louis Chiron war am Start, Albert Divo, Tazio Nuvolari. In der 2. Runde führte keiner der Asse, sondern die Madame Junek aus Prag. Mit 20 Sekunden lag sie in Führung. Nuvolari schleuderte wie der Teufel um die Kurven und flog von der Straße. Zähnefletschend verfolgte er als Zuschauer die heldenhafte Fahrt einer Frau. In der vierten Runde lag sie immer noch vorn. Markengefährte Divo war 11 Sekunden hinter ihr. »Eine Schande«, fluchte Nuvolari. Er hätte den Junek-Bugatti am liebsten zu Fuß verfolgt.
In der letzten Runde ging ein Reifen in Fetzen, überdies mußte Elisabeth Junek Kühlwasser nachfüllen. Endlich rückten die Männer vor, Albert Divo gewann.
Als Vincenz Junek dann auf dem Nürburgring mit seinem Bugatti tödlich verunglückte, machte Elisabeth mit dem Rennfahren Schluß.
Ettore Bugatti widersetzte sich erstaunlich lange einer Leistungssteigerung durch Kompressoren, einfach weil er sie für »nicht ethisch«

Bugatti Typ 35:
Außer Benzin und Öl fressen die Wagen mit dem Hufeisenkühler
am liebsten Zündkerzen
(Foto Julius Weitmann)

hielt. Um aber nicht länger hinten nachzufahren, war er der erste, der einen dreiflügeligen Drehkolben verwendete, und zwar in einem Rootes-Gebläse für seine Typen 35 B (2,3 Liter) und 35 C (2 Liter). 1931 gab er den Befehl, einen Doppelnockenmotor zu bauen. Es entstand der Typ 51, 170 bis 180 PS stark, so genau wußte man das nicht, und überdies zeigten die Motoren größere Leistungsdifferenzen. Nur Leute wie Chiron, Varzi, Wimille konnten ein solches Biest auch wirklich meistern. Zwischen 1931 und 1932 sollen rund 40 Rennwagen vom Typ 51 gebaut worden sein, zweifellos war dies Bugattis Meisterstück unter all seinen Grand-Prix-Modellen.

Harry Mundy, der Konstrukteur des weltberühmten Climax-Rennmotors, schrieb einmal über Ettore Bugatti: »Er wird von vielen als einer der großen Ingenieure der Renngeschichte bezeichnet. Ich jedoch ziehe es vor, ihn einen Künstler zu nennen. Seine sorgfältigen Arbeiten am Chassis trugen zweifellos zu der großen Zahl seiner Erfolge bei. Was aber seine Motoren betrifft, so sind sie kein Beitrag zum Fortschritt ...«

Die Fans aber sprechen noch heute mit Ehrfurcht vom Typ 35, dem Urahn aller Hufeisenkühlerautos, der 1924 sein erstes Rennen

fuhr. Aus ihm hat man dann in dem für Bugatti eigenen Bildhauerstil die vielen anderen Rennwagenmodelle herausgemeißelt. Da gab es den Typ 37, einen 1,5-Liter-Rennsportwagen mit Vierzylinder-Kompressormotor, der zum Porsche der zwanziger Jahre avancierte.
1939 verunglückte Ettore Bugattis Sohn Jean tödlich – in einem Typ 57. Als 1947 Ettore Bugatti im Militärkrankenhaus von Neuilly starb, standen die Nachfahren vor unlösbaren Problemen. Es war ihnen einfach nicht möglich, die Firma im alten Stil und Geist weiterzuführen. Mit Servicearbeiten allein war kein Auslangen mehr zu finden, auch wenn 1961 beispielsweise der Besitzer eines Typs 57 für die Motorüberholung schlichte 7000 Mark zahlen mußte. Später wurden in Molsheim Teile für Simca produziert. Amerikaner meldeten ihr Interesse an. Bugatti war für sie ein Name wie Duesenberg oder Cord, ein Stück Tradition, mit dem man vielleicht Geld machen konnte.
1955 tauchte in Reims ein Bugatti-Grand-Prix-Wagen auf, mit einem im Heck quergelegten 2,5-Liter-Achtzylinder-Motor. Ingenieur Colombo hatte den Wagen, dessen Entwicklung 650.000 Dollar gekostet haben soll, in Molsheim entworfen und gebaut. Das Projekt lief auf einen französischen Nationalrennwagen hinaus. Maurice Trintignant sollte ihn fahren. Nach wenigen Runden verschwand dieser letztgebaute Bugatti-Rennwagen ein für allemal in der Versenkung.
Im Juli 1963 hörte die Firma Bugatti zu bestehen auf. Das Interesse der Amerikaner war längst erloschen. Solange es aber Männer gibt wie den Holländer Guillaume Prick, der in einer eigenen Bugatti-Traumwelt existiert, wird der Name Bugatti weiterleben.
Für Prick ist das Jahr 1974 das Jahr 93 EB. Seine private Zeitrechnung ist nicht nach Christi Geburt, sondern nach dem Geburtsjahr von Ettore Bugatti – 1881 – orientiert. Demnach ist das Jahr 1974 das 93. Jahr nach Bugattis Geburt. Am 15. September jeden Jahres verschickt der Holländer an seine Freunde Neujahrskarten. Der 15. September ist der Geburtstag von Ettore Bugatti.
Wenn Prick stirbt – so hat er in seinem Testament verfügt –, will er, in seinem Bugatti sitzend, mit Benzin übergossen und verbrannt werden.

Caracciola gegen Rosemeyer — oder: Die Silberpfeilnostalgie

Zwischen 1934 und 1937 erreichte der Grand-Prix-Sport eine nie zuvor erlebte Blüte. Eine neue Rennformel schuf neue Bedingungen: Das Maximalgewicht der Wagen wurde ohne Treibstoff, Öl, Wasser und Reifen mit 750 kg festgesetzt. Daß man auch heute noch von dieser Ära der deutschen Silberpfeile spricht, wo eine ganze Nation in ein Mercedes- und ein Auto-Union-Lager gespalten war, mag unserem Hang zur Nostalgie zuzuschreiben sein. Aber nicht nur.
Die Silberpfeile durchstießen die 300-km/h-Mauer, liefen anno 1938 mit Stromlinienkarossen bereits um die 430 km/h. Dabei hätte die neue Formel die Rennautos fester an die Kandare nehmen sollen. Doch gerade das Gegenteil wurde erreicht. PS-Zahlen und Geschwindigkeiten wurden höher und höher. Es gab kaum ein Dutzend Fahrer, denen man diese Boliden anvertrauen konnte, ohne befürchten zu müssen, daß sie in der nächsten Kurve Harakiri machen. Die Rennpisten waren schmal, statt Leitschienen standen am Pistenrand Bäume, statt mit Vollvisierhelmen fuhr man mit Staubkappen, und die Straßenlage der Rennwagen war nach heutigen Begriffen elendig. Die Reifen gingen nach wenigen Runden in Fetzen, Fahrer verloren in einem Großen Preis zwei bis drei Kilo an Körpergewicht, weil sie im Cockpit schufteten wie Kumpel im Bergwerkschacht.

Die Rennen liefen über eine Mindestdistanz von 500 km. Die Siegerzeit von Hans Stuck im Großen Preis von Deutschland hieß anno 1934: 4 Stunden, 38 Minuten, was einen Schnitt von 122,8 km/h ergibt. Ein schneller Mittelklassewagen würde das heute schaffen.
1932 schlossen sich die Automobilfabriken Wanderer, Audi, DKW und Horch zur Auto-Union zusammen. Es gab nur einen Weg, um dieses Bündnis mit den vier Ringen als Markensiegel in der Öffentlichkeit möglichst rasch populär zu machen: den Weg über den Rennsport. Professor Porsche schaltete sofort und bot der Auto-Union im März 1933 die Konstruktion eines Heckmotor-Rennwagens an. Die

Geschäftsleitung willigte ein, obwohl Porsche die stattliche Summe von 300.000 Reichsmark verlangte. Um deutschen Firmen die Rennbeteiligung schmackhafter zu machen, ließ Hitler über den Reichsverkehrsminister Subventionen und Erfolgsprämien auszahlen, in deren Genuß sowohl Daimler-Benz als auch die Auto-Union kamen. Die Höhe dieser Beträge wird aber allgemein überschätzt.

Großer Preis der Schweiz 1937: Hinter dem Duell Mercedes gegen die Auto-Union verblaßten alle anderen Konkurrenten zu Statisten (Archiv Daimler-Benz)

So schlugen sich Porsches Auto-Union-Rennwagen im Bericht des Geschäftsjahres 1933/34 mit einer Ausgabe von 1,285.252,13 Reichsmark nieder. Der Aufwand für den Renneinsatz, dazu zählte auch das Fahrerengagement, stand mit 96.298,13 Reichsmark zu Buche. Von diesem Gesamtaufwand von knapp 1,4 Millionen Reichsmark wurden der Auto-Union durch Subventionen bloß 392.857 Mark vergütet.

Die Auto-Union, deren Rennstall in Zwickau (Sachsen) saß, begann 1934 mit einem V-16-Zylinder-Kompressormotor von 4360 ccm Hubraum, der 295 PS bei 4500 Touren leistete. Schon im Jahr darauf quetschte man aus mehr Hubraum (5 Liter) mehr PS (375) heraus, 1936/37 dank 6 Liter Hubraum 620 PS bei 5000 Touren.

Daimler-Benz stellte 1934 der Auto-Union einen Achtzylinder-Kompressorwagen mit 3,3 Liter Hubraum entgegen, der 280 PS mitbrachte. Später wurde der Hubraum erst auf 3,7 Liter, dann auf 4 Liter und schließlich auf 4,7 Liter vergrößert.

Rudolf Caracciola erreichte bereits 1934 bei einem Rekordversuch 317,5 km/h über den fliegenden Kilometer. In puncto Spitzengeschwindigkeit waren die Rennwagen der 750-kg-Formel selbst den heutigen Formel-I-Rennwagen turmhoch überlegen gewesen. Dafür fährt heute jeder Formel-VW-Rennwagen mit einem 1300-ccm-Motor schneller um den Nürburgring.

Der Sprung in das Monster

Wenn man sich alle Fahrer in Erinnerung ruft, die zwischen 1934 und 1939 in den deutschen Silberpfeilen saßen, so stößt man auf Namen, die zum Teil schon längst vergessen sind.

Mercedes: Rudolf Caracciola, Manfred von Brauchitsch, Hermann Lang, Hans Geier, Ernst Henne, Louis Chiron, Luigi Fagioli, Richard Seaman, Christian Kautz. Als Reservefahrer konnten sich Gofreddo Zehender, Walter Bäumer, Heinz Brendel, Hugo Hartmann der Daimler-Benz-Zugehörigkeit rühmen.

Der Fahrerkader der Auto-Union hatte folgendes Aussehen: Hans Stuck, Prinz Leiningen, August Momberger, Bernd Rosemeyer, Paul Pietsch, Ernst von Delius, Rudolf Hasse, H. P. Müller, Georg Meier, Achille Varzi und Tazio Nuvolari. Fagioli und Kautz wechselten von Mercedes zur Auto-Union. 1934 und 1935 war Mercedes erfolgreicher als die Auto-Union. 1936 aber waren die Weichen anders gestellt. Daß die Erfolgsstatistik der Untertürkheimer plötzlich etwas durcheinandergewirbelt wurde, war hauptsächlich dem Einsatz eines einzigen Mannes zuzuschreiben: Bernd Rosemeyer.

Am 14. Oktober 1909 in Lingen an der Ems geboren, saß der aufgeweckte Bernd schon im Kindesalter in allen Motorradsätteln. 1931 startete er bei einem Grasbahnrennen in Oldenburg und holte sich zwei Lorbeerkränze. Bei Straßenrennen war er auf Anhieb eine Kanone. 1934 streckte die Auto-Union die Fühler nach diesem Draufgänger aus. Bernd Rosemeyer bekam seine Werksmaschine. Ein Jugendtraum war über Nacht erfüllt.

Im Herbst 1934 hielt der Auto-Union-Rennstall Heerschau unter seinem Nachwuchs. Man suchte Fahrer für das Grand-Prix-Monster. Das war ein recht gefährliches Unterfangen, war doch der Sprung von der Rennmaschine oder vom schnellen Tourenwagen, ja selbst vom Sportwagen in den großen Rennwagen so gewaltig, daß die Bilanz solcher Nachwuchstests einfach niederschmetternd war.

Daimler-Benz organisierte 1936 auf dem Nürburgring einen Nachwuchstest, zu dem bekannte Sportfahrer, Motorradrennfahrer und Versuchsfahrer vom Werk eingeladen waren. Aus einem 30-Mann-Kader kristallisierten sich nur zwei brauchbare Fahrer heraus: der Brite Dick Seaman und der Schweizer Christian Kautz. Als einzige konnten sie eine Runde unter 11 Minuten fahren. Der Preis für die zwei war aber so hoch, daß man nie mehr eine solche Veranstaltung durchführte: ein Toter, einige hunderttausend Mark Schaden. Ein Fahrer baute auf der Strecke einen Unfall und lief auf Nimmerwiedersehen davon . . .

1934 drängten sich für den Auto-Union-Rennwagen bei Probefahrten auf der Avus und am Nürburgring zwei Leute auf: Bernd Rosemeyer, der unbekümmerte Junge aus der zweirädrigen Fakultät, und der überaus erfolgreiche Privatfahrer Paul Pietsch, der nach dem Krieg den Motorpresse-Verlag in Stuttgart ins Leben rief.

Beim Avusrennen 1935 ging Bernd erstmals mit dem 16-Zylinder-Boliden an den Start. Wegen eines Reifenplatzers mußte er aufgeben.

Was er aber beim nächsten Rennen auf dem Nürburgring zeigte, ließ aufhorchen. Er attackierte in einer geradezu wahnwitzigen Art und Weise den vor ihm liegenden Mercedes, den niemand Geringerer als Caracciola lenkte, gegen den Rosemeyer ein blutiger Anfänger war.

Dieser Caracciola, kurz »Caratsch« genannt, war um acht Jahre älter als Rosemeyer. Als 22jähriger war er zu Daimler-Benz gekommen, 1926 hatte er das Avusrennen gewonnen, und seither kannte ganz Deutschland den jungen Mann mit dem dicklichen Gesicht und dem italienischen Namen. 1928 hatte er auf dem Nürburgring gewonnen, 1931 holte er sich die Mille Miglia. 1932, als sich Daimler-Benz-Ingenieure bereits Gedanken zur neuen 750-kg-Formel machten, ließ man »Caratsch« für Alfa Romeo fahren. Er sollte einfach in Form bleiben,

Caracciola, links, im Nahkampf mit Rosemeyer beim Avusrennen 1937: Ihre Monster hatten eine Stromlinienkarosse übergestreift (Archiv Daimler-Benz)

gleichzeitig sammelte er dort Lorbeeren. So schlug er Nuvolari im Großen Preis von Deutschland.

1933 passierte ihm der fürchterliche Unfall in Monte Carlo. Die Ärzte prophezeiten eine düstere Zukunft: Nie wieder würde »Caratsch« Rennen fahren können! Der Heilungsprozeß war schmerzhaft und unerhört langwierig. 1934 traf ihn ein weiterer Schicksalsschlag: Seine treue Lebensgefährtin Charly wurde von einer Lawine getötet.

Er begann mit sich und der Welt zu hadern, er zog sich völlig zurück, wurde menschenscheu, Experten hatten ihn schon abgeschrieben. Als er im Mai 1934 erstmals wieder einen Mercedes-Rennwagen besteigt, ist sein rechtes Bein um fünf Zentimeter kürzer. Die Hüfte schmerzt, die Krücken fehlen ihm sehr. Bei der ersten Probefahrt auf der Avus will »Caratsch« keine Zeugen. Die Stoppuhr läuft mit, ihr Urteil wird entscheiden, ob es eine neue Karriere geben wird oder nicht.

Die Avus ist eine leichte Strecke, sie stellt keine großen körperlichen Anforderungen. »Caratsch« fährt, als habe er nie pausiert, schnelle Runden. Neubauer jubelt. Caracciola bekommt wieder einen Vertrag.
»Caratsch« fährt, gewinnt, leidet. Das Rennfahren weckt all seine Lebensgeister.
Gegen den vor Gesundheit strotzenden Rosemeyer ist und bleibt »Caratsch« aber ein Krüppel, dem der Stepptanz auf der Pedalerie, das ständige Bremsen, Gasgeben, Kuppeln, höllische Qualen bereitet.
Was Rosemeyer nur noch fehlt, ist Erfahrung.
Trotzdem: 1935 gelingt es ihm in dem besagten Rennen auf dem Nürburgring, Caracciola zu überholen.
Die Zuschauer jubeln, die Sympathien gehören plötzlich nicht dem Märtyrer, sondern dem tollkühnen Neuling. Rosemeyer erdreistet sich, den Zuschauern zuzuwinken, dabei liegt im Rückspiegel Rudi Caracciola.
Soviel Frechheit darf nicht ungesühnt bleiben. »Caratsch« verbeißt sich in den Auto-Union, überholt Rosemeyer und gewinnt.

Großer Preis von Deutschland 1937 auf dem Nürburgring: Hermann Langs Mercedes W 125 wird in Rekordzeit mit neuen Reifen und Sprit abgefertigt (Archiv Daimler-Benz)

Gemessen an späteren Kämpfen war dies nur ein kleines Vorgeplänkel gewesen, »Caratsch« aber dürfte geahnt haben, was ihm dieser Rosemeyer noch alles einbrocken wird. Er jedoch wehrte sich mit allen Mitteln. Je härter die Konkurrenz wurde, desto verbissener begann er um seinen Platz an der Sonne zu kämpfen.
Wie gesagt: 1935 wurde ein Mercedes-Jahr, aber schon 1936 triumphierte die Auto-Union oder besser: Bernd Rosemeyer.
Er sicherte sich die Großen Preise von Deutschland, der Schweiz und Italien. Er gewann das Eifelrennen und die Coppa Acerbo in Pescara. Caracciola holte sich Monte Carlo und Tunis, Nuvolari auf dem unterlegenen Alfa siegte in Ungarn, Barcelona und Livorno.
Für 1937 mußte sich Daimler-Benz was Neues einfallen lassen.

Der Gigant: W 125

Die Fronten hatten sich 1937 neu formiert. Für Daimler-Benz fuhren Caracciola, von Brauchitsch, Lang und der Brite Dick Seaman. Kautz war Ersatzfahrer. Rosemeyer war die unumstrittene Nummer eins bei der Auto-Union. Hans Stuck, der schon 1934 im Zenit seiner unglaublich langen Laufbahn gestanden ist, war die Nummer zwei; Ernst von Delius die Nummer drei. Hasse, Müller und Fagioli erhielten sporadisch einen Wagen.
Alfa Romeo schickte Nuvolari, Brivio und Farina ins Feuer, aber in dieser Saison 1937 war gegen die Silberpfeile aus Deutschland kein Kraut gewachsen, selbst Nuvolaris heldenhafter Einsatz verpuffte an der Brachialgewalt, die Mercedes- und Auto-Union-Rennwagen entfesseln konnten. Mercedes vergrößerte den Hubraum seines Reihen-Achtzylinders abermals, so daß 5660 ccm herauskamen. Im letzten Entwicklungsstadium erreichte man mit Alkoholtreibstoff 646 PS. Der W 125 hatte trocken gewogen ein Leistungsgewicht von 1,29 kg/PS.
Ein völlig neues Fahrwerk sollte verhindern, daß es bei einem Motor blieb, an dem lediglich vier Räder hingen. Die Kraft sollte besser auf den Boden gebracht werden. Das blitzartige Ausbrechen der Hinterräder, wie man es vom Mercedes W 25 der Jahre 1935 und 1936 gewohnt war, konnte eliminiert werden. Man verpaßte dem W 125 vorn eine Einzelradaufhängung mit Dreieckslenkern. Die vordere Federung mußte über längere und weichere Federwege verfügen. Die Blattfedern der früheren Hinterachse sind einer neuen Doppelgelenkachse mit Drehstabfederung gewichen. Der neue Kompressorgigant von Mercedes lief auch ohne Stromlinienkarosse weit über 300 km/h schnell.
Continental hatte für die Auto-Union und Mercedes vier verschiedene

Reifentypen entwickelt: einen für den Nürburgring, einen für die Coppa Acerbo, die sich auf einem Straßenkurs in Italien abspielte, ferner einen Typ mit glatter Oberfläche für den schnellen Tripolis-Kurs und schließlich einen Spezialreifen für die Avus. Gemessen an den heutigen Gummiwalzen der Formel-I-Rennwagen fuhr man damals geradezu auf »Fahrradreifen«.

Wie schnell die silbernen Kraftprotze tatsächlich liefen, wurde auf der Avus demonstriert. Da gelang Bernd Rosemeyer im Training, als er auf die Reifen keine Rücksicht nehmen mußte, eine Runde mit sagenhaften 283,7 km/h Schnitt.

Großer Preis von Deutschland 1937

Ein kalter Wind streicht am 25. Juli 1937 über die Eifel. An die 300.000 Menschen pilgern zum Nürburgring: mit Sonderzügen und Autobussen, auf Fahrrädern, zu Fuß, auf Motorrädern und nur zu einem geringen Teil mit dem eigenen Auto. In den Wirtsstuben herrscht Hochbetrieb, rund um die 22,8 km lange Berg-und-Tal-Bahn schießen die Zelte wie Pilze aus dem feuchten Waldboden. Der Große Preis von Deutschland hält ein ganzes Land in Atem. Wer wird diesmal gewinnen: Auto-Union oder Mercedes, Rosemeyer oder Caracciola?

Schon im Training gab es neue sensationelle Rekordzeiten. Schneller denn je wurde der Ring umrundet. Einfach sagenhaft, erklärten die Experten altklug. Außer den Fahrern wußte aber niemand, was sich wirklich abspielte, wenn ein Rosemeyer das irrlange Heck seines Auto-Union-Wagens um die Kurven wuchtete oder »Caratsch« versuchte, die 650 PS wohldosiert zu entfesseln. Wehe, wenn ein solcher Bolide außer Kontrolle geriet.

Zum erstenmal werden die Startpositionen nicht verlost, sondern nach den gefahrenen Trainingszeiten vergeben. Rosemeyer erzielt 9 : 46,2. Mit dieser Zeit sichert er sich den besten Startplatz in der ersten Reihe. Neben seinem 16zylinder steht Hermann Lang auf Mercedes mit einer Zeit von 9 : 52,2. Manfred von Brauchitsch (Mercedes) komplettiert mit 9 : 55,1 die erste Startreihe.

In der zweiten Reihe stehen Caracciola mit 10 : 04,0 und Tazio Nuvolari mit 10 : 08,4. Wie der Italiener mit dem unterlegenen 4,4-Liter-Alfa-Romeo, der mit 440 PS fast 200 PS weniger leistet als die Mercedes, eine solche Rundenzeit herausfahren konnte, ist schleierhaft. Nuvolari, so beobachteten die Zuschauer, hetzte um den Ring, als wäre er lebensmüde. Sicher, der Italiener ist ein Virtuose, aber wie lange würde er mit dieser Fahrweise noch ungestraft davonkommen?

Zwei Auto-Union unter Hasse und Müller und der Mercedes unter Dick Seaman stehen in der dritten Reihe. Alles in allem: 26 Rennwagen.
Die Rivalität zwischen Rosemeyer und Caricciola hatte im Jahr zuvor beim Großen Preis der Schweiz auf dem Berner Bremgartenring ihren Höhepunkt erreicht. Damals blockierte »Caratsch« den jungen Draufgänger eiskalt ab. Rosemeyer kam an dem Mercedes nicht vorbei. Zornig drohte er seinem Vordermann mit der Faust. Erst als der Rennleiter die blaue Flagge schwang, war Caracciola zur Seite gewichen und Rosemeyer in Führung geprescht, die er bis ins Ziel auch halten konnte. Auf dem Nürburgring ist nicht abzusehen, wer

Der Auto-Union-Rennwagen mit Heckmotor war ein Unding; nur Bernd Rosemeyer beherrschte ihn optimal (Archiv Porsche)

gewinnen wird, obwohl Rosemeyer im Training gleich um 18 Sekunden schneller als sein Rivale ist.
In einer Wolke aus ätzenden Auspuffgasen und verbranntem Reifengummi katapultieren sich die Wagen in Richtung Südkehre hinunter. »Caratsch« erwischt aus der zweiten Reihe den besten Start. Wieder einmal konnte er dank seines Feingefühls die Kraft optimal auf die Straße bringen.
Die Fahrer arbeiten wild am Lenkrad. Die Wagen wollen ständig ausbrechen, sie tanzen, wühlen im lockeren Waldboden, die Kompressoren röhren laut, man hört die Autos schon lange bevor man sie sieht.

Hermann Lang führt. Rosemeyer ist Zweiter, doch »Caratsch« ist ihm auf den Fersen. Dahinter folgen Brauchitsch, Müller, Delius und Rudi Hasse.
Der Brite Dick Seaman holt auf. Er hatte einen miserablen Start, aber nach vier Runden ist er Sechster. Rosemeyer überholt Lang. Doch dann unterläuft dem blonden Bernd ein folgenschwerer Kunstfehler. Er streift mit dem Hinterrad eine Begrenzung, zerschlägt sich die Radnabe, zerfetzt sich den Reifen. Seine Führung ist dahin.
So schnell es geht, fährt er zur Box, was sich aber im Vergleich zu den anderen nur im Schneckentempo abspielen kann. Noch dazu hat sich

das Rad verklemmt; es sitzt wie angegossen auf der Achse. Die Monteure arbeiten schweißtriefend. Es dauert eine Ewigkeit, bis das Rad unter den Schlägen der Kupferhämmer resigniert. Rosemeyer hat bereits drei Minuten verloren, unruhig trippelt er auf und ab. Endlich dreht sich das neue Rad auf der Achse. Er hechtet in den Auto-Union und rauscht mit einer fürchterlichen Wut ab. Rosemeyer ist bereits auf Platz zehn zurückgefallen. Jetzt erst recht, sagt er sich, und seine Aufholjagd wird zum Höhepunkt des ganzen Rennens.
Mit Rosemeyers Boxenstopp sind auch die Chancen für einen Auto-Union-Sieg verpatzt. Hans Stuck und H. P. Müller müssen aufgeben. Vorn führt Caracciola. Er fährt wie immer weich und sauber. Nie

blockieren die Räder, wenn er bremst, nie läßt er das Heck ruckartig ausbrechen. Er ist die Ruhe selbst, er hat alles unter Kontrolle.
Von dem Drama, das sich weit hinter ihm abspielt, bekommt er allerdings nichts zu sehen.
In der 7. Runde haben sich Delius und Seaman förmlich ineinander verbissen. Keiner gibt mehr nach; wer jeweils Zweiter ist, bekommt die beizenden Auspuffgase seines Rivalen zu spüren, die wie Säure in die Lunge fließen.
Auf der langen Geraden, von der Döttinger Höhe kommend, geben beide ihrem Rennwagen die Sporen. Vierter Gang, fünfter Gang, die Drehzahl steigt, man stößt durch die 200-km/h-Mauer. Die Wagen beschleunigen weiter, 240, 250, die schmale Straße wird noch schmäler, sie wird eng wie eine Bobbahn, und der Drehzahlmesser wandert weiter über die Skala.
Delius weiß, daß er am Ende dieser Runde an die Box muß, um seine abgefahrenen Reifen zu wechseln.
Dennoch schert er aus dem Windschatten von Seamans Mercedes. Als beide Wagen Schnauze an Schnauze die wellige Gerade hinunterfegen, über eine Bergkuppe stechen, berühren sich plötzlich ihre Räder.
Die Wagen werden steuerlos, stellen sich quer.
Der Mercedes steigt in die Luft, der Auto-Union überschlägt sich, springt wie ein Pingpongball über die Straße.
Seaman fällt aus dem Wagen – bleibt fast unverletzt. Man fuhr damals noch ohne Sicherheitsgurten, und was Seaman widerfuhr, war einer jener seltenen Unfälle, bei denen ein Gurt höchstwahrscheinlich tödlich gewesen wäre. So kommt der Engländer mit einem Nasenbeinbruch glimpflich davon.
Ernst Delius dagegen erwischt es böse. Auch er fliegt aus dem Cockpit, zieht sich dabei aber schwerste innere Verletzungen zu.
Inzwischen gewinnt Rosemeyer immer mehr Terrain. Pausenlos fährt er Runden unter 10 Minuten. Die Boxenmannschaft von Mercedes leistet für »Caratsch« prächtige Arbeit. Das Kommando hat der dicke Alfred Neubauer.
Neubauer hat längst erkannt, daß die Fahrer während eines 500-km-Grand-Prix die einsamsten Menschen sind. Als er 1924 in Monza einen Unfall hatte, wurde ihm klar, daß er zum großen Rennfahrer nicht geboren sei. Seine Talente lagen woanders: im Organisieren und Dirigieren. Und so wurde Neubauer der Mann mit den tausend Tricks. Populär, gefürchtet, unerreicht, aber sicherlich auch überschätzt, wurde er für Mercedes ein Symbol, fast wie der Silberstern. Neubauer hatte auch erkannt, daß er Caracciola im Kampf gegen diesen un-

glaublichen Bernd Rosemeyer mit allen psychologischen Tricks unter die Arme greifen mußte.

Die Boxenmannschaft von Mercedes war militärisch gedrillt, und oft schien es, als schufte sie nur aus einem einzigen Grunde so hart: um Neubauers Donnerwetter zu entgehen.

Im Schnitt müssen in diesem 22 Runden langen Großen Preis von 1937 alle sieben Runden Reifen gewechselt werden. Rosemeyer holt sogar Nuvolari ein, kämpft ihn nieder und zieht ihm davon.

Rosemeyer riskiert mehr denn je, fährt eines seiner größten Rennen überhaupt und wird schließlich noch Dritter.

Caracciola aber gewinnt. Ein unspektakulärer Sieg, errungen von einem Mann, der sich keine Fehler leistet, einem Mann, der die 501 km lange Distanz trotz höllischer Schmerzen im Bein durchstand. »Caratsch« siegte mit 133,2 km/h Schnitt vor seinem Teamgefährten Brauchitsch. Nuvolari wird Vierter, Rosemeyers neuer Rundenrekord steht auf 9 : 53,4 (137,8 km/h).

Die Mercedes-Mannschaft beim Großen Preis von Deutschland 1938:
(von links) Manfred von Brauchitsch, Rennleiter Alfred Neubauer, Dick Seaman,
Hermann Lang und Rudolf Caracciola (Archiv Daimler-Benz)

Am Tag darauf erliegt Ernst Delius in Bonn seinen schweren Verletzungen. Als Rosemeyer die traurige Nachricht überbracht wird, beginnt er bitterlich zu weinen.
1937 wurde Rudi Caracciola zum zweitenmal Europameister. Wenn man alle großen Rennen nach dem heute in der Formel-I-WM üblichen Punkteschema (9–6–4–3–2–1) bewerten und für den damals erlaubten Fahrerwechsel an jeden die halbe Punktezahl vergeben würde, so hätten es Caracciola und Rosemeyer auf je 52 Punkte gebracht. Brauchitsch würde mit 41 Punkten den dritten Platz vor Hermann Lang mit 34 Punkten einnehmen.
Februar 1938. Autobahn Frankfurt–Darmstadt. Mercedes bricht die Rekordfahrten ab. Caracciola geht schlafen. Plötzlich ist die Auto-Union da. Rosemeyer taucht auf, klemmt sich in das Cockpit des Auto-Union-Rekordwagens und fährt gleich beim Anwärmen jenseits von 400 km/h.
Die Wetterstation meldet Windböen. Rosemeyer kommt zurück und vertraut Manfred von Brauchitsch, der als Zuschauer herumsteht, an, daß ihn bei vollem Tempo ein Seitenwind erfaßt habe. Rosemeyer sagte wörtlich: »Ich mußte meinen inneren Schweinehund überwinden . . .«
Er bleibt hart: »Wir fahren!«
Alfred Neubauer hört mit, als über das Streckentelefon die Durchsagen kommen: »Kilometer 4 – durch. Kilometer 5 – durch. 6 – durch. Kilometer 6,4 – der Wagen ist verunglückt.«
Als man fassungslos durch das Trümmerfeld des völlig enthäuteten Rekordwagens eilt, findet man Rosemeyer ganz friedlich an einen Baum gelehnt. Tot.
Neubauer vertritt die Ansicht: »Der Wagen ist zerplatzt. Der Druck von vorn und durch den plötzlichen Seitenwind aus der Waldschneise war zu groß.«
Tazio Nuvolari sollte bei Auto-Union Rosemeyers Lücke schließen. Hermann Lang, der Schwabe, Jahrgang 1909, der bereits 1937 und 1938 das Millionenrennen von Tripolis gewonnen hatte, machte 1938 und 1939 Caracciola den Platz an der Sonne streitig. Lang, dessen Karriere sich wie ein Märchen anhört.
Er war bereits ein guter Motorradrennfahrer, als er sich bei Daimler-Benz um den Posten eines Rennmonteurs bewarb. Als Monteur von Fagioli war er 1934 bei allen großen Rennen dabei. 1935 saß er auf dem Nürburgring erstmals in einem Mercedes-Rennwagen. Er war Dritter, drehte sich aber auf der regennassen Piste und flog in einen Graben.
1939 steigerte er sich zur Form seines Lebens. Er war so schnell, daß

ihn Caracciola eifersüchtig beobachtete. Lang fuhr mit dem Feuer der Jugend, er war gesund und intelligent und scheute kein Risiko. Auf superschnellen Rennstrecken war er unerreicht. Er wurde Europameister.

Dick Seaman, der überaus sympathische Brite, kam beim belgischen Grand Prix in Spa ums Leben, als sein Mercedes Feuer fing. Am 3. September 1939 gewann Tazio Nuvolari auf Auto-Union noch den großen Preis von Belgrad. Danach verstummten die Silberpfeile. Der Zweite Weltkrieg brach aus.

Caracciola und Lang fuhren auch nach dem Krieg wieder. Lang war erfolgreicher. »Caratsch« hatte 1946 einen schweren Sturz in Indianapolis. Nochmals raffte er sich auf, um 1952 Sportwagenrennen für Daimler-Benz zu fahren. Er wurde sogar Vierter in der Mille Miglia. Ein böser Unfall auf dem Bremgartenring bei Bern setzte schließlich seiner Karriere endgültig einen Schlußpunkt. 1959 starb Rudi Caracciola an einem Leberleiden.

Alfred Neubauer, der 1971 seinen 80. Geburtstag feierte, ist heute noch überzeugt: »Rosemeyer und Dick Seaman würden heute längst nicht mehr leben. Warum? Weil die beiden im Krieg sicher Jagdflieger geworden wären, und so, wie sie im Rennen drufftraten, hätten sie sicher auch in der Luft den Tod finden müssen.«

 Fangio — oder: Der Mann, der seine Gegner düpierte

1968, also ein Jahrzehnt nach seinem letzten Rennen, wurde er in Rom von einer Polizeistreife gestoppt: mit einem Maserati-Sportwagen war er den Gesetzeshütern zu schnell durch die Straßen der Ewigen Stadt georgelt. »Sie fahren, als wären Sie Fangio!« herrschte ihn der Polizist an. »Ich bin Fangio«, murmelte der Argentinier. Es war ihm peinlich. Weniger das mit dem Schnellfahren, sondern daß er wirklich Fangio war. Der Polizist salutierte und erbat sich ein Autogramm.
Fünfmal wurde Juan Fangio Automobilweltmeister: 1951 auf Alfa Romeo, 1954 auf Maserati und Mercedes, 1955 auf Mercedes, 1956 auf Lancia-Ferrari, 1957 auf Maserati. Experten sind auch heute noch der Ansicht: Fangio war der Größte.

Wenn man vom Größten aller Zeiten spricht, stehen Tazio Nuvolari, Rudolf Caracciola, Bernd Rosemeyer, Alberto Ascari, Juan Fangio, Stirling Moss, Jimmy Clark, Jack Brabham und Jackie Stewart in der engeren Auswahl. Man könnte argumentieren: Tazio Nuvolari, das Ledergesicht aus Mantua, habe in seinem Leben mehr Grand Prix als jeder andere gewonnen – 61 waren es insgesamt, man sollte jedoch als Fußnote hinzufügen: Zu Nuvolaris Zeiten führte jedes größere Rennen den Titel »Grand Prix«.
Enzo Ferrari ließe sich zitieren, der behauptet: »Stirling Moss ist der Beste, weil er der einzige ist, der einen Vergleich mit Nuvolari aushält.« Man wird Caracciolas Fähigkeiten gegen die kurze Leuchtkraft des Meteors Bernd Rosemeyer abwägen und mit der Erfolgsbilanz von Stirling Moss neue Argumente für den Briten auftischen: in den 466 automobilsportlichen Bewerben, in denen er startete, war er 194mal Sieger.
Brabham und Stewart wurden jeder dreimal Weltmeister, Stewart fuhr 99 Formel-I-Grand-Prix und gewann von diesen zur Weltmeisterschaft zählenden Rennen nicht weniger als 27. Fangio brachte es bei 51 Starts auf 24 Grand-Prix-Siege, Jim Clark bei 72 Starts auf 25 Siege.

Man könnte die Statistik noch weiter vervollkommnen: 28mal fuhr Clark die schnellste Runde, Fangio buchte 22mal, Moss 18mal in einem Grand Prix die schnellste Runde für sich. Die Statistik ist aber unfair, sie vergleicht die Leistung von Toten mit noch lebenden Fahrern.

Fangios Karriere war ausgefüllt mit Sternstunden und Katastrophen, mit Entbehrungen, Qualen und weltweitem Ruhm. Immer wieder vergällt die Tragik den Triumph. 1938: Fangio jagt mit einem alten Ford über argentinische Staubstraßen. Fünf Fahrer karambolieren. Fünf Tote. Das Rennen wird abgebrochen.

Ende 1949 kehrt Fangio mit sechs Rennsiegen aus Europa nach Argentinien zurück. 1950 verpflichtet Alfa Romeo die drei großen »F«: Farina, Fagioli, Fangio.

Viele bekannte Gesichter aus den Vorkriegsjahren fehlen. Tazio Nuvolaris Siechtum endete dort, wo der Italiener niemals sterben wollte: im Bett. Achille Varzi und Christian Kautz waren auf dem Berner Bremgartenring tödlich verunglückt. Der Franzose Jean Pierre Wimille, sicher der beste Rennfahrer der ersten Nachkriegsjahre, starb bei einem unbedeutenden Rennen in Buenos Aires. Felice Graf Trossi zog sich wegen einer tückischen Krankheit vom Rennsport zurück.

Grand Prix von Italien, 1955 in Monza: Fangio im Mercedes mit Stromlinienkarosse (Foto Julius Weitmann)

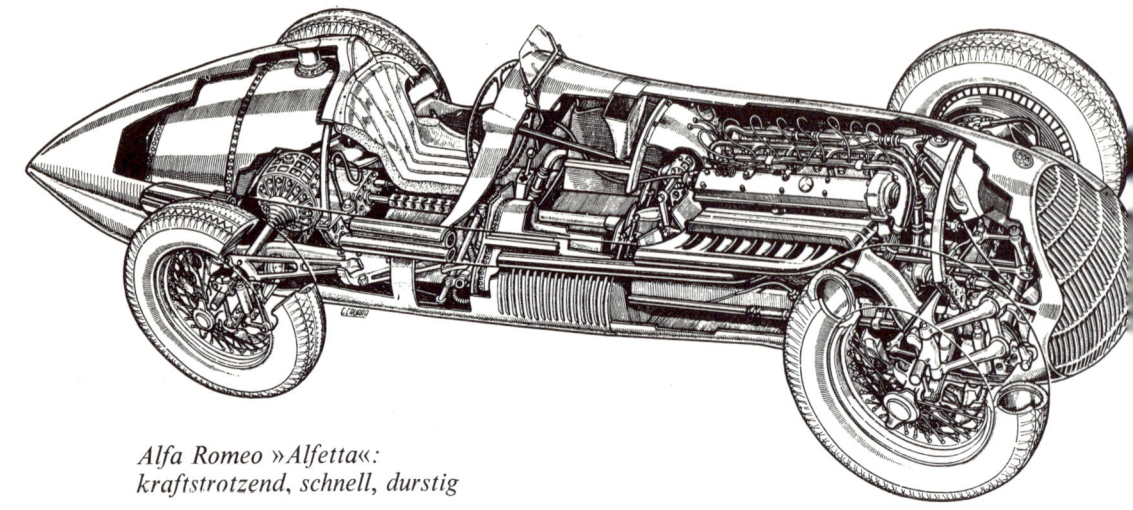

*Alfa Romeo »Alfetta«:
kraftstrotzend, schnell, durstig*

1950 gab es erstmals eine offizielle Automobilweltmeisterschaft. Gewertet wurden die Großen Preise von Monaco, England, Italien, Belgien, der Schweiz und das 500-Meilen-Rennen von Indianapolis.

Von Fangio, diesem krummbeinigen Argentinier mit dem langsamen, schleichenden Gang, erwartet man Wunderdinge. Die WM wird tatsächlich zu einem Duell zwischen Fangio und Farina. Der Italiener gilt als wortkarg, und auch Fangio ist nicht gerade eine Klatschbase. Farina sitzt kalt wie eine Statue im Rennwagen, er fährt einen sauberen Stil, und seine distanzierte Lenkradhaltung macht Schule. Fangio nimmt sich schon etwas ungestümer aus, er hat diese Fahrtechnik bei den Rennen in seiner Heimat erlernt, wo man mit abenteuerlichen Vehikeln auf Sandstraßen dahinfegt.

Fagioli, der dritte im Alfa-Bunde, gilt als Unikum der Vollgasbranche. Er ist Jahrgang 1898, also in dieser Saison 1950 immerhin schon 52 Jahre alt. Er stand bereits 1934 auf dem Höhepunkt seiner Karriere, und er hat dann zwölf Jahre pausiert; aber 1950 ist er wieder in einer erstaunlichen Form. Selbst Fangio ist nicht mehr der Jüngste, er zählt 39 Jahre, als er 1950 seine Hand nach dem Weltmeistertitel ausstreckt.

Alfa Romeos Alfetta: Sieg nach der Exhumierung

1950 fahren Fangio, Farina, Fagioli diesen Achtzylinder-Kompressorrennwagen, den man Alfetta nennt und der zu diesem Zeitpunkt schon ein zwölfjähriges Vorleben aufweist.

Als Daimler-Benz und Auto-Union Mitte der dreißiger Jahre auf den Rennpisten das Tempo diktierten, warf der italienische Konstrukteur Gioachino Colombo die ersten Striche für einen neuen Rennwagen aufs Reißbrett, der dann 1937 bei der Scuderia Ferrari in Modena gebaut wurde. Mit 1479 ccm Hubraum – es handelte sich um zwei in der Mitte zusammengeschraubte Vierzylindermotoren – gab das achtzylindrige Kompressortriebwerk anfangs 195 PS bei 7200 Touren ab. Um den italienischen Wagen gegen die deutsche Phalanx endlich Chancen zu geben, wurde 1939 der Große Preis von Tripolis unerwartet für 1,5-Liter-Rennwagen ausgeschrieben. Mercedes baute in knapp sechs Monaten einen komplett neuen Rennwagen – Alfetta und Maserati zogen trotzdem den kürzeren.

1943 standen bereits sieben Alfetta auf Rädern, und als die deutschen Truppen die Rennstrecke von Monza zur Erprobung ihres Fuhrparks beschlagnahmten, gelang es dem Automobilclub von Milano im letzten Moment, alle Alfetta verschwinden zu lassen. In einem Dorf namens Melzo überdauerten sie den Krieg.

Für ein Rennen in Paris, am 9. Juni 1946, wurden die Alfa Romeo »tipo 158«, wie sie offiziell hießen, exhumiert. Zwar feierten sie noch keinen Sieg, man mußte erst den Rost abklopfen, der sich in den Kriegsjahren angesetzt hatte, doch bis zum Jahre 1951 heulten sie dann von Sieg zu Sieg. Man steigerte die Leistung, und mit den PS wuchs auch der Durst des Kompressormotors, und schließlich fraß sich dieses Biest selbst auf: der Kompressor verschlang wiederum einen Teil der Leistung, und der Verbrauch erzwang den Einbau immer größerer Tanks.

In Monza muß 1950 die Entscheidung in der WM fallen. »Monza«, sagt Fangio, »wird das wichtigste Rennen meiner Karriere.«

Wie immer, wenn gleich drei so hervorragende Fahrer in einem Team vereinigt sind, belauert man sich bei den Vorbereitungen. Italienische Zeitungen sehen in Nino Farina bereits den Weltmeister, die Spannung ist geschürt, die Fahrer reden nur noch selten miteinander. Man schlägt einen Bogen, man kann sich nicht mehr klaren Blicks in die Augen schauen. Fangio führt nach Punkten in der WM. Den stärksten Motor baut man aber Farina ein.

»Sicher«, erklärt Fangio später, »mein Alfa war auch sehr schnell, doch letzten Endes ließ er mich im Stich . . .« Farina führt mit Ausnahme der 13. und 16. Runde. In der 18. Runde rollt Fangio aus.

An der Box kann er seine Enttäuschung nicht verbergen. Der WM-Traum war wie eine Seifenblase geplatzt. Der Rennleiter von Alfa versucht sich als Diplomat, obwohl schon das ganze Porzellan zerschlagen ist. Er beordert Piero Taruffi zur Box, Fangio springt in die Alfetta, jagt dem Feld nach und fällt wenig später erneut aus: Motorschaden.

Nino Farina wurde der erste Automobilweltmeister in der Geschichte des Grand-Prix-Sports.

Mittlerweile war die Alfetta nicht mehr die Jüngste: noch immer ein aalglattes Raubtier, bissig wie eh und je, doch 14 Jahre waren nicht zu verleugnen, die Konkurrenz, speziell Ferrari, hatte nachgezogen. Alfa Romeo erhielt von der italienischen Regierung 1951 einen Zuschuß in der Höhe von 100 Millionen Lire. Die Techniker konnten aus dem vollen schöpfen, als es darum ging, der Alfetta eine Verjüngungskur zu verpassen. Eine De-Dion-Hinterachse sollte die inzwischen auf 430 PS bei 9300 Touren angehobene Leistung besser auf die Straße bringen. Die beiden Kompressoren fraßen von der Motorleistung bereits 135 PS auf, der 1,5-Liter-Achtzylinder erzeugte genaugenommen 565 PS. Diese Leistung wurde mit einem Spritverbrauch erkauft, der langsam in keinem Verhältnis mehr zu der Schnelligkeit stand: 120 Liter Spezialtreibstoff pro 100 Rennkilometer erzwangen mindestens zwei Tankstopps in jedem Rennen. Das technische Konzept der Ferrari begann langsam, aber sicher aufzugehen: ihr 4,5-Liter-Zwölfzylinder war kein Kompressor, sondern ein Saugmotor, dessen Leistung mittlerweile auf 370 PS hinaufgefrisiert worden war und dessen Benzinkonsum wesentlich niedriger lag.

Mit dem Sprit von drei vollen Badewannen – 300 Liter – an Bord, waren die Alfetta brisante Sprengkörper. Nur Virtuosen wie Fangio, Ascari, vielleicht auch noch Gonzales konnten die Brachialgewalt dieser Rennwagen dosiert entfesseln.

In Silverstone begann sich die Alfetta-Dämmerung abzuzeichnen. Nach fünf siegesträchtigen Saisonen kehrten die Wagen mit dem vierblättrigen Klee im weißen Dreieck erstmals geschlagen nach Mailand zurück. Der Argentinier Gonzales führte im britischen Grand Prix den lang erwarteten Ferrari-Sieg herbei.

Die WM-Entscheidung fiel erneut im letzten Rennen, diesmal in Barcelona. Fangio fand den Weg zum Sieg diesmal ohne Dornen: die Ferrari-Strategen hatten auf Reifen gesetzt, die letztlich die falschen waren. Fangio konnte seine Alfetta auf Händen tragen, sein schärfster Rivale Alberto Ascari stand zum Reifenwechsel eine Ewigkeit an der Box.

Wie sanft Fangio nur mit dem Gaspedal umgehen konnte! Wenn alle anderen wild sägend Schlangenlinien in den Asphalt zeichneten, zog Fangios Alfa stets einen geraden Strich. Er gebrauchte nicht nur seine muskulösen Arme und seinen Gasfuß, sondern immer mehr den Verstand. Etwas ausgebrannt, aber als neuer Weltmeister zog sich Fangio nach Argentinien zurück, wo man ihm einen grandiosen Empfang bereitete.

Fangio, der verschlossene, feinfühlige Charakter mit der Kampfkraft

eines Pampasstiers, überlebte in den 21 Jahren, in denen er Autorennen fuhr, ein ganzes Grand-Prix-Startfeld. Er war unverwundbar.
Stirling Moss gestand einmal: »Keiner von uns machte weniger Fehler als Fangio.«
Nur einmal schien es, als habe sich Fangio im Cockpit einen folgenschweren Fehler geleistet: 1952 überschlug sich sein Maserati in der Lesmokurve der Monzabahn.
Dieser Unfall, der Fangio ein Gipskorsett einbrachte, wurde stets mit Übermüdung motiviert. »El Chueco« (»der Krummbeinige«), wie ihn seine Landsleute nannten, war die ganze Nacht mit einem Leihwagen von Paris nonstop nach Monza gefahren und erst eine Stunde vor dem Start im Autodrom eingetroffen. Die Wahrheit hat Fangio dem Deutschen Karl Kling anvertraut: »Es war ein Reifendefekt.«
Ab 1952, als feststand, daß Mercedes im Grand-Prix-Sport ein Comeback plant, begann Mercedes-Rennleiter Alfred Neubauer diesen Fangio zu umgarnen.
»Ich habe mich in sein Vertrauen regelrecht eingeschlichen«, pflegt Neubauer gerne auszuposaunen. Als Fangio mit einem Augenkatarrh herumläuft, schleppt ihn Neubauer zu einem Augenspezialisten; als Fangios Privatwagen in der Gegend des Nürburgringes zusammenbricht, läßt Neubauer die Havarie abschleppen.

Sternstunde in Reims

Die Fernschreiber hämmern es in die Zeitungsredaktionen der ganzen Welt: »Das Comeback der Mercedes-Silberpfeile wird am 4. Juli 1954 beim Grand Prix von Frankreich in Reims stattfinden.«
»Neue Impulse in der Formel I durch Mercedes«, jubeln die Zeitungen. Unterdessen laufen in Untertürkheim die letzten Vorbereitungen auf Hochtouren. Wenn Mercedes nach 15 Jahren wieder auf die Grand-Prix-Pisten zurückkehrt, dann nur, um zu siegen. Bei Ferrari und Maserati rümpft man die Nase: Schwere Zeiten stehen bevor.
Ein Heer von Journalisten reist nach Frankreich. Die Hotels sind ausgebucht. Sogar Sonderzüge fahren nach Reims. Und als man die Decke von den Silberpfeilen im Fahrerlager wegzieht, klicken die Verschlüsse ganzer Batterien von Kameras. Die Mercedes besitzen eine Stromlinienkarosserie, wie man sie in der Formel I nach 1945 nie gesehen hat.
Reims, das ist ein Hochgeschwindigkeitskurs, 8,030 km lang. Eine Spitzkehre, einige teuflisch schnelle Kurven, echte Mutproben. Die Techniker von Daimler-Benz haben den Kurs auf dem Papier durchgerechnet. Als Fangio, Karl Kling und Hans Herrmann nach Reims

Mercedes kam, sah und siegte: Der dicke Neubauer signalisiert 1954 in Reims seinen Fahrern Kling und Fangio einen beruhigenden 1:40-Min.-Vorsprung auf Bira (Archiv Daimler-Benz)

kommen, wissen sie längst, wie schnell sie durch die Kurven fahren dürfen und welcher Gang wann und wo eingelegt wird. Chefingenieur Dr. Nallinger hat dieses System ausgeklügelt. Ein Rennen kann dank dieser Methode bereits auf dem Papier durchgerechnet werden.

Nichts ist dem Zufall überlassen, als die Mercedes ins Training gehen. Die Wagen hatten ausgedehnte Tests hinter sich, alles war bis ins kleinste Detail organisiert. Neubauers Karawane war nach einem Generalstabsplan in Richtung Reims gerollt, in dem sogar die Restaurants nicht fehlen durften, natürlich mit einem entsprechenden Hinweis auf die Spezialgerichte der Speisekarte.

Fangio bricht als erster durch die 200-km/h-Schnitt-Barriere, was ihm 50 Flaschen Champagner einbringt. Er fährt 2:29,4, Karl Kling ist nur um eine Sekunde langsamer. Alberto Ascari stellt seinen Maserati mit 2:30,5 neben die Mercedes in die erste Reihe. Hans Herrmann, das Küken im Team, erreicht 2:35,3, eine Zeit, die für die dritte Startreihe gut ist, neben Mike Hawthornes Ferrari und Prinz Biras Maserati.

Artur Keser war erst seit einigen Tagen als neuer Pressechef von Daimler-Benz im Amt. »Furchtlos, wie ich war«, erinnert sich Keser, »platzte

ich in Reims mitten in eine Fahrerbesprechung. Neubauer machte gerade Hans Herrmann zur Sau, weil er sich verschaltet hatte...«
Man hat Probleme. Die Schaltung ist nicht idiotensicher, Ing. Uhlenhaut läßt für Fangio eine Sperre einbauen, um Schaltfehler auszuschließen. Die Einspritzmotoren brauchen überdies mehr Sprit als erwartet. Mit über 35 Liter auf 100 Kilometer hat niemand gerechnet. Die Tanks sind für 185 Liter ausgelegt, der Grand Prix läuft über 500 Kilometer, was an Reserve bleibt, scheint eine riskante Spanne. Im Werk werden schnell noch Zusatztanks angefertigt und in letzter Minute eingebaut.
Gegen ein Uhr nachts trifft Artur Keser Hans Herrmann an der Theke einer Bar. »Sie ertränken jetzt wohl Ihren Kummer in Alkohol?« fragt Keser kritisch. Herrmann schüttelt den Kopf. »Ach, wissen Sie, beim Herrn Neubauer muß man einfach abschalten, und was die Uhrzeit betrifft, ich bin ja selbst Barbesitzer, ich geh' nie vor zwei, drei schlafen...«
Als die Silberpfeile am Renntag zum Start geschoben werden, beherrscht der dicke Neubauer, diese Falstaff-Figur, die Szenerie. Die Techniker freuen sich insgeheim, denn Neubauers Show lenkt das Heer der Presse vorübergehend ab, man kann in Ruhe die letzten Handgriffe erledigen. Artur Keser aber platzt der Kragen, als die Fotografen, vor Neubauer auf dem Boden kniend, ihre Magazine leer feuern. »Wir haben nicht nur Bäuche, sondern auch Köpfe zu bieten!« ruft er in die Runde. Damit will er die Aufmerksamkeit auf die geistigen Väter der Silberpfeile lenken, die etwas abseits im Schatten stehen: Uhlenhaut, Scherenberg, Nallinger.
Der erwartete Raketenstart von Ascari bleibt aus. Fangio und Kling lassen den Rest des Feldes bis auf Gonzales stehen, dessen Ferrari zur allgemeinen Überraschung hartnäckig an den deutschen Wagen klebt. Kling führt das Trio an. Ascari liegt vor Hans Herrmann, Hawthorne vor dem Argentinier Marimon, Bira kämpft mit Luigi Villoresi.
In der 2. Runde reibt sich Ascaris Maserati-Motor fest. Hätte er den Mercedes noch gefährlich werden können? Hans Herrmann reißt sich am Riemen: »Ich darf jetzt den Anschluß nicht verlieren.« In der 3. Runde fährt er die Rekordrunde des Rennens: 2:29,9 bedeuten 195,460 km/h Schnitt. Dabei hat er den Motor um fast 1000 Touren überdreht. Ein Fressen für Neubauer.
Dramatik in der 10. Runde: bei Mike Hawthornes Ferrari versagen die Bremsen, der Brite rast über seinen Bremspunkt hinaus, schleudert in die Wiese, verfehlt eine Holzbrücke; mit abgewürgtem Motor tollt sich der Ferrari aus und kommt fast unbeschädigt zum Stillstand.
Eine Runde später steckt Ferrari den nächsten Tiefschlag ein: am Motor

von Gonzales bricht eine Ölleitung. Siedend heiß schießt es aus der Motorhaube, die ersten Flammen lecken bereits an der Karosserie. Gonzales bremst den Wagen so panisch zusammen, daß die Reifen mit blauem Rauch protestieren.
Vorn führen die Mercedes: Fangio vor Kling, 35 Sekunden später folgt Herrmann, 40 Sekunden später umkreist Marimons Maserati den Kurs von Reims. In der 17. Runde gibt Herrmanns Mercedes seinen Geist auf: die Überdrehzahl in der Rekordrunde war der Sargnagel...
Später beginnen sich Fangio und Kling aus lauter Übermut zu hetzen. Neubauer grollt und hält ihnen die Tafel »GL« vor die Nase, was unmißverständlich »gleichmäßig« heißt. Die beiden ignorieren aber diesen Befehl, und zum Glück setzt leichter Regen ein – der Übermut weicht der Vorsicht.
Fangio und Kling machen im Duo die Mercedes-Sternstunde perfekt: mit 186,630 km/h Schnitt fegt der Argentinier eine halbe Wagenlänge vor dem Deutschen durchs Ziel. Nur der von Manzon gesteuerte Ferrari beendet das Rennen in der gleichen 8-km-Runde wie die Sieger.

Neubauer, das Unikum, Fangio, der Größte: Härten in der Stallregie...
(Archiv Daimler-Benz)

Mercedes W 196: seiner Zeit voraus

Bei einer Umfrage unter namhaften Konstrukteuren, Fahrern, Journalisten und Teamchefs aus der Vollgasbranche, welcher Rennwagen in sieben Dezennien Motorsportgeschichte wohl der größte gewesen sein mag, buchte der Mercedes W 196 die meisten Stimmen für sich. So meinte der britische Rennstallbesitzer John Wyer: »Wenn es gilt, den ›größten‹ Rennwagen aller Zeiten zu finden, dann muß es ein Wagen sein, von dem man im voraus sagen konnte, er gewinnt.« John Wyer wählte den Mercedes W 196. Dennis Jenkinson, jener britische Journalist, der zusammen mit Stirling Moss 1955 in einem Mercedes 300 SLR die Mille Miglia gewann, argumentiert: »Der W 196 – oder der 300 SLR zeigten eine absolute technische Überlegenheit. Sie waren in verschiedenen Versionen für verschiedene Rennstrecken konzipiert. Der Motor löste alle Atmungs- und Ventilprobleme, er hatte kein mechanisches Limit.«
Moss plädierte natürlich ebenfalls für den W 196 oder dessen Sport-

…wurden bei Mercedes mit Geld ausgeglichen. Fangio im W 196 (Foto Julius Weitmann)

wagenversion 300 SLR. Moss sagte: »Ich fühlte mich im Sportwagen mit dem zweiten Sitz einfach wohler, auch wenn der Zweisitzer etwas schwieriger zu fahren war. Mit dem Mercedes wußte ich eines sicher: Falls ich mir nicht einen Ausrutscher leistete, war ich unter den ersten zwei, oder, besser gesagt, ich war Zweiter, denn man fuhr ja mit Fangio in einem Team...«

Mercedes-Ingenieure hatten mit dem W 196 die 2,5-Liter-Formel, was die Jahre 1954 und 1955 betrifft, optimal ausgelotet. Der Achtzylinder-Reihenmotor war seiner Zeit voraus, ein Wunderwerk also: Um die Drehzahl gefahrlos steigern zu können, entwickelte man eine Zwangs-Ventilsteuerung, bei der die Ventile nicht durch Federn, sondern zwangsläufig durch eine Art Nocken geöffnet und geschlossen wurden. Mit einer Direkteinspritzung des Kraftstoffs ging man im Autobau überhaupt neue Wege. Die Kraftabnahme erfolgte in der Mitte des Achtzylinders, der beinahe völlig querliegend in einem Rohrrahmen zum Einbau gelangte. Getriebe, Bremsen und Radantrieb waren an der Hinterachse verblockt.

Erreichte die Monopostoversion mit den freistehenden Rädern (650 kg) eine Höchstgeschwindigkeit von 270 km/h, so schaffte die Stromlinienversion (700 kg) 310 km/h. Die Stromlinienkarosse brachte erst auf superschnellen Kursen, wo man jenseits von 180 km/h Schnitt fuhr, echte Vorteile. Gleich beim zweiten Auftreten der Silberpfeile in Silverstone bezogen sie auf dem Flugplatzkurs eine eindeutige Niederlage.

Eine Kiste Sekt war von Alfred Neubauer bereits vor dem Rennen in London bestellt worden. Dann aber siegte Gonzales auf Ferrari. Fangio wurde, gebremst von Getriebeschwierigkeiten, nur Vierter.

Beim nächsten Rennen stand Fangio wieder auf dem Siegerpodest: Aber der Mann, um dessen Schulter der riesige Lorbeerkranz des Grand Prix von Deutschland ruhte, schämte sich seiner Tränen nicht. Fangios Freund, sein Landsmann Marimon, war mit seinem Maserati bei der Wehrseifen-Abfahrt schon im Training tödlich verunglückt. Wie gesagt: In Fangios Karriere folgten auf Sternstunden immer wieder Katastrophen.

1955 reift in Fangios Windschatten jener Fahrer heran, der nach Abgang des Argentiniers auf den Rennstrecken die alles überragende Figur wird: Stirling Moss.

Fangio wird Weltmeister 1954, und man könnte noch einwenden: Auf einem Mercedes wäre das damals eben leichter als auf einem anderen Fabrikat möglich gewesen.

Im Jänner 1955 beweist Fangio, daß nicht nur das Material, sondern letztlich der Mensch zählt.

Hitzeschlacht in Buenos Aires, das Autodrom glüht wie eine Bratpfanne. Ascari fliegt aus der Bahn, Karl Kling landet in einem Drahtzaun, selbst dieser Koloß von Gonzales ist zu erschöpft, Moss fährt am Rande eines Kollapses, Hans Herrmann bricht in der Box zusammen. Nur Fangio fährt ohne Ablösung den Grand Prix durch und gewinnt. Mit Verbrennungen zweiten Grades am rechten Bein hebt man den Argentinier aus dem Mercedes.
In Monaco erlebt Mercedes ein Debakel. Doch Fangio gewinnt in Spa, in Zandvoort, laut Mercedes-Stallorder darf Moss den britischen Grand Prix gewinnen.
»Die Fahrer«, erzählt der Deutsche Karl Kling, der stets darauf aus war, das Tandem Fangio–Moss zu sprengen, »unterschrieben mit dem Vertrag eine Klausel, daß sie, falls es die Werksinteressen verlangen, eine Stallregie akzeptieren und einhalten.« Eine Stallregie bringt aber immer Härten mit sich. »Bei uns«, versichert Karl Kling, »wurden solche Härten eben mit Geld ausgeglichen. Das ist die einzige Möglichkeit.« Fangio wurde 1955 zum drittenmal Weltmeister, und Mercedes zog sich vom Rennsport zurück.

Den Jugendtraum erfüllt

15 Jahre danach. Es war am Tag nach dem Großen Preis von Deutschland, der 1970 in Hockenheim ausgetragen wurde, genau einen Tag nach Jochen Rindts Triumph. Die Tribünen der Hockenheim-Arena gähnten leer in der Augusthitze, als plötzlich ein schrilles Heulen die Betonschüssel zersägte. Unter einem Sonnenschirm saß der frühere Mercedes-Rennleiter Alfred Neubauer, und es schien, als würde er die Musik des Kompressors wie seinen geliebten Richard Wagner genießen. Hatte Neubauer nicht drei Jahrzehnte seines Lebens nach dem Takt dieser Kompressormusik ausgerichtet?
Eine Handvoll Menschen hatte sich in der gleichen Zusammensetzung seit jenem Herbsttag im Jahre 1955 nicht mehr getroffen, an dem in Untertürkheim die Silberpfeile eingemottet worden sind. Für eine ORF-Fernsehdokumentation über Alfred Neubauer war es mir mit Hilfe von Artur Keser gelungen, die größten Silbersternpolierer aller Zeiten – soweit überhaupt noch am Leben – zusammenzutrommeln: Hermann Lang, damals 61, Karl Kling, auch schon ein Sechziger, Hans Herrmann, der sich gerade erst vom Rennsport zurückgezogen hatte, und schließlich den Hauptdarsteller, Alfred Neubauer, der damals 79 Jahre alt war.
Er hatte, wie er sagte, »40 Pfund abgenommen«. Er hing nach wie vor

Im August 1970 wurden für eine TV-Dokumentation, die der Autor über Alfred Neubauer machte, noch einmal die Silberpfeile aus dem Museum geholt. In Hockenheim trafen sich: (von rechts) Hermann Lang, Hans Herrmann, Alfred Neubauer, indes ein rüstiger 80er geworden, sowie Karl Kling (Foto Alois Rottensteiner)

an seinem Rotwein. Er klopfte wie eh und je herrliche Sprüche und verblüffte mit Rundenzeiten und Histörchen, die er in seinem Gehirn griffbereit auf Abruf speichert. Seine ehemaligen Fahrer standen – und das war kaum zu glauben – immer noch vor ihrem alten Rennleiter stramm. »Herr Neubauer« redeten sie ihn respektvoll an.

Für die Filmaufnahmen hatte man nach langem wieder einige Silberpfeile aus dem Museum geholt, Rennöl in die Venen dieser Ungetüme gefüllt und beizenden Alkoholtreibstoff in die Tanks geschüttet. Da wurde der stärkste Rennwagen aller Zeiten, der W 125 angeheizt, der 1937 seine Glanzzeit hatte und allein schon seiner Leistung wegen – 646 PS – größte Hochachtung verdient; ferner jaulte der 3-Liter-Kompressor von 1938/39 auf, »nur« 480 PS stark, der aber auf allen Strecken die Rekorde seines Vorgängers auslöschte; und schließlich schimmerte auch jener 2,5-Liter-Grand-Prix-Rennwagen startbereit in

der Sonne, mit dem Fangio 1954 und 1955 Weltmeister wurde und Mercedes bis in alle Ewigkeit einen »Kam-sah-und-siegte«-Nimbus erwarb.

Gleichen die heutigen Rennwagen fetten Spinnen, so war der W 196 eher ein sehniger Leopard. Karl Bunz, der seit 1934 in der Daimler-Benz-Rennmannschaft werkte, ab 1937 Rudi Caracciola betreute, mit den Silberpfeilen alt wurde, schraubte mir Kerzen mit einem mittleren Wärmewert in den 280 PS starken Achtzylinder, der noch lange nicht am Endpunkt seiner Entwicklung angelangt war, als Mercedes 1955 nach 15 Starts mit drei Siegen, sieben Doppelsiegen, einem Dreifach- und einem Vierfachsieg seine Rennwagen einsargte.

»Passen Se nur auf«, ermahnte Bunz, »daß Se sich nich verschalte.« Tatsächlich, die 5-Gang-Kulissenschaltung hat ein Schema, das irritiert. Man nahm mir das Lenkrad ab, um den Einstieg zu erleichtern. Dann

saß ich im Cockpit, mit gespreizten Beinen, wie es auf Traktoren üblich ist. Der Bajonettverschluß des Holzlenkrades schnappte zu: klick.
»Aufpassen, Zwickl«, tönte es aus Neubauers Mund, »schmeißen Sie die Karre nicht gleich in den Wald!«
Zündung einschalten. Zweiten Gang rein. Man schiebt mich an. »Kupplung raus!« schreit Bunz, und der Achtzylinder meldet sich sofort zu Wort.
Ich habe mir vorgenommen, das kostbare Museumsstück nicht über 7000 zu drehen, denn einer meiner Vorgänger – Karl Kling oder Herrmann – jubelte den Spion am Drehzahlmesser auf 10.000. Neubauer hätte in alten Zeiten sicher einen Tobsuchtsanfall bekommen. Im 2. Gang bei 3000 Touren röchelt er – der Motor, nicht der Neubauer. Nach der ersten Rechtskurve, wo sich Rindt am Vortag immer von Jacky Ickx distanzierte, erhöhe ich die Drehzahl, ab 5000 wird der Motor bissig, der Drehzahlsprung auf 7000 ist ein Tritt in den Hintern.
Die nächste Kurve springt auf mich zu. Ich fahre nicht den großen, sondern den kleinen Hockenheim-Kurs. Zeitgerecht steige ich auf die Bremse, sie zieht nicht übel, verlangt jedoch einen gepflegten Pedaldruck, der Koloß wird aber tatsächlich langsamer. Ich spanne den 3. Gang ein, Herrgott, wie der Apparat anpackt, ich versuche jegliches Wonnegefühl zu unterdrücken, um die Lage klar zu überblicken: direkte Lenkung – verlangt festen Griff – vor den Boxen werfe ich den Vierten ein, das sind gute 170, aber man verliert jegliches Gefühl für die wahre Geschwindigkeit, denn der Fahrtwind wird von einer kleinen Scheibe oberhalb des Armaturenbretts umgeleitet. Oft muß ich im Autodrom hart bremsen, denn die Kurven kommen sehr schnell auf mich zu.
Wie das Auto liegt? Gefühlsmäßig erinnerte es mich an einen Jaguar-E-Typ: vorn die lange Motorhaube, der Sitz nahe den Hinterrädern, man muß präzis lenken, kommt sich riesig schnell vor, tappt nach der Rutschgrenze, fast hat man sie, wird an Fangio, Moss und Kling, Nürburgring und Avus erinnert. Der Gedanke schießt ein: Was der alte Neubauer wohl sagen würde, wenn man die Karre tatsächlich rausschmeißt?
Da ist doch folgende Geschichte überliefert: Ein Rennwagen fliegt bei Testfahrten von der Bahn. Neubauer watschelt flink zum Wrack, sieht das Benzin auslaufen, entreißt einem gaffenden Polizisten die Pistole, legt an und schießt ein Loch in den Tank. Um eine Explosion zu verhindern, wie er sich später rechtfertigt. Böse Zungen allerdings behaupten, Neubauer hätte in seinem ersten Zorn einfach den Fahrer umlegen wollen, aber nur den Benzintank getroffen...

Ich bremse mich eingedenk dieser Story an den Boxen ein, verharre noch einige Sekunden im Cockpit, bis Neubauers fragendes »Na?« mich aus einem seit meiner Jugend gehegten Traum aufweckt. Jetzt hatte er sich erfüllt.

Für die Filmkamera wirft Neubauer noch einmal wie in alten Tagen seinen Hut vor den heranrasenden Silberpfeil. Er brauchte viele für all die Siege, und er vergaß nie, seine Hüte auf die Spesenabrechnung zu setzen.

Gezielte Sabotageakte?

Um wieder auf Fangio zurückzukommen, der nebst einem sportlichen auch einen unerhörten sozialen Aufstieg durchmachte: Aus dem Sohn eines nach Argentinien eingewanderten italienischen Maurers wurde nach und nach ein Großunternehmer, der sich in Buenos Aires eine Vertretung für Mercedes und Vespa schuf, der sein Geld in ein Kino und eine Rinderfarm investierte.

Wie er 1956 mit 45 Jahren zum viertenmal Weltmeister wurde, das war eine Leistung, die vor und nach Fangio keine Parallelen findet.

Seine schärfsten Gegner fuhren mit ihm bei Ferrari: Peter Collins, Eugenio Castelloti, Luigi Musso, drei junge Draufgänger, von Ehrgeiz besessen. Wenn Fangio es auch in seinen Memoiren selbst kaum andeutet, so läßt er es wenigstens seinem langjährigen Manager Marcello Giambertone sehr klar schreiben: In jener Saison 1956 fühlte sich der Argentinier bei Ferrari immer wieder benachteiligt. Da waren einerseits die Italiener: Rennleiter Sculati konnte es sich nicht leisten, ihnen schlechteres Material zuzuschanzen, und anderseits hatte man mit Peter Collins einen Briten im Team, der für Ferrari so etwas wie der Schlüssel zum britischen Markt war.

Giambertone geht sogar so weit, daß er die Mißgeschicke, die Fangio widerfuhren, als gezielte Sabotageakte bezeichnet. Für einen Peter Collins war Fangio aber die unantastbare Nummer eins im Team, sein Respekt, seine Bewunderung für Fangio drückte sich in zwei Gesten aus, die ihm letztlich sogar selbst den WM-Titel kosteten.

In Monaco übergab er Fangio seinen Wagen; in Monza machte der Brite noch einmal eine kaum für möglich gehaltene Verneigung vor dem Meister: Fangio stand bereits an der Box mit Motorschaden. Der vierte WM-Titel war dahin. Als plötzlich Collins zu einem Reifenwechsel an der Box erschien, wagte Giambertone die Frage: »Peter, würdest du Fangio deinen Wagen überlassen?« Collins nickte, nahm den Sturzhelm ab, Fangio sprang ins Cockpit und gewann Rennen samt Titel.

Enzo Ferrari war mit diesem Finale keineswegs zufrieden: seiner Ansicht nach »hätte Collins Weltmeister werden müssen. Nur er hätte es verdient«.
Für Enzo Ferrari war Fangio »eine eigenartige Figur; er vermied es, mir ins Gesicht zu schauen, er blieb für mich eine unerforschliche, nicht zu entziffernde, unbestimmbare. Persönlichkeit«. Der Commendatore und Fangio waren nie Freunde, ihr persönliches Verhältnis war noch kühler, als es selbst bei Gesprächspartnern zu sein pflegt.
Fangio sah in dem bei Ferrari zu allen Zeiten aufgewühlten Ozean der Intrige einfach kein Land. Natürlich wurde er mißtrauisch, und man darf es ihm nicht übelnehmen, daß er sich abkapselte.
Da war diese Preisverteilung Ende 1956. Der Commendatore hielt traditionsgemäß hof und ehrte seine Fahrer mit goldenen Verdienstmedaillen. Fangio, der zu dieser Zeit in Argentinien weilte, wurde einfach übergangen. Giambertone ließ einen Brief vom Stapel, in dem er den Commendatore fragte, ob Fangio denn keine Medaille wert sei?
Ferrari blieb beides schuldig: Medaille und Antwort.

Das Jahr mit Maserati

Mit dem Wechsel Fangios von Ferrari zu Maserati verlagerte sich auch die Vorherrschaft von Maranello zum Erzfeind nach Modena. »Ich bin sehr froh«, sprach Fangio, »für den Grafen Orsi und dessen Sohn Omar zu fahren, zwei Gentlemen, die in puncto Korrektheit und Höflichkeit nur noch mit jenen Direktoren zu vergleichen sind, mit denen ich bei Mercedes oder Alfa Romeo zu tun hatte.« Diese Feststellung war natürlich ein gewollter Seitenhieb auf Enzo Ferrari.
Mike Hawthorne ersetzte Fangio bei Ferrari, Maserati engagierte neben Fangio den Franzosen Jean Behra und den in Paris lebenden Amerikaner Harry Schell. Tony Vanderwells Vanwall-Team hatte eine »full season« auf dem Programm. Stirling Moss, der Zahnarzt Tony Brooks und Lewis-Evans, also reinrassige Briten, saßen in dem torpedoschlanken Vanwall-Vierzylinder, der 285 PS bei 7600 Touren leistete und mit 1,93 kg pro PS das niedrigste Leistungsgewicht ins Treffen führte.
Maseratis 250 F, dieser Grand-Prix-Klassiker, wurde leichter und stärker. 270 PS bei 7800 Touren holte man aus dem 2,5-Liter-Sechszylinder heraus, trocken wog der Maserati 630 kg.
Als Stirling Moss in diesem Jahr Katie Molson, die Tochter eines millionenschweren kanadischen Bierbrauers, heiratete, schickte Fangio dem Hochzeitspaar einen alten Autoscheinwerfer mit einer eingelegten

Nürburgring 1957: Hawthorn vor Collins (beide Ferrari) wird von Fangio – im Bild Dritter auf Maserati – eine Lektion erteilt (Foto Julius Weitmann)

goldenen Uhr. In dem Scheinwerfer stand eingraviert: »Dem künftigen Weltmeister«. Fangio irrte, Moss wurde nie Weltmeister.
Fangio anno 1957, das war der beste Fangio, den es je gegeben hat. Längst hatte man schon alles Lob für »el chueco« vergeudet, waren für ihn noch Superlative denkbar? Ja, doch: Wenn es je ein Rennen gegeben hat, in dem Fangio bewies, daß es für ihn kein Limit gab, daß er – falls man ihn forderte – immer noch schneller als seine Gegner fahren kann, dann traf dies im Großen Preis von Deutschland zu, der auf dem Nürburgring lief.
14 Tage vorher hatte Maserati beim Grand Prix von Europa in Aintree eine bittere Niederlage erlitten, alle drei Wagen segneten das Zeitliche. Moss–Brooks führten einen Vanwall zum Sieg.
Bereits im Training stellte Fangio klar, daß er auf dem Nürburgring nicht gewillt sei, die Zügel aus der Hand zu geben. Mit 9:25,6 sicherte er sich die Pole-position. Neben ihm standen noch in der ersten Reihe: Hawthorne (Ferrari, 9:28,4), Behra (Maserati, 9:30,5), Collins (Ferrari, 9:34,7). Die zweite Reihe hieß: Brooks (Vanwall, 9:31,1), Schell (Maserati, 9:39,2), Moss (Vanwall, 9:41,2).

Maserati-Rennleiter Ugolini heckte in der Fahrerbesprechung folgenden Plan aus: »Wir starten mit halbvollen Tanks, erst beim Reifenwechsel wird getankt.« Ferrari rechnete sich eine Nonstopfahrt aus.

Hawthorne und Collins stießen sich als erste von der Startlinie ab und in Führung. Hawthorne fuhr in der 2. Runde mit 9 : 37,9 neuen Rundenrekord, den Fangio dann auf 9 : 34,6 verbesserte. Fangio ging nach dieser Runde an Collins ausgangs der Südkehre vorbei.

Auf dem Teilstück nach Adenau hinunter schob sich Fangio an dem führenden Hawthorne vorbei, der dann auch von Collins passiert wurde. Nach einer 3. Runde in 9 : 33,4 hatte Fangio die Ferrari im Rücken.

In der 8. Runde war es Fangio mit 9 : 30,8 gelungen, seine Führung bis auf 28 Sekunden auszudehnen. In der 12. Runde schaffte er 9 : 29,5; ein Guthaben von 31 Sekunden sollte für Tanken und Reifenwechsel reichen.

Die Maserati-Leute trödelten. Was sie an Zeit verschenkten, hätte jeden anderen Fahrer an den Rand eines Herzkollapses gebracht. Fangio starrte lediglich mit bitterer Miene auf die Piste, als die beiden Ferrari vorüberheulten, die Radverschlüsse seines Maserati aber immer noch mit dem Kupferhammer weich geklopft wurden.

Fangio verlor fast eine volle Minute. Die Ferrari lagen schon eine halbe Minute in Front. Mit vollem Tank und neuen Reifen war Fangio in die Defensive gedrängt, Collins zog bis zur 14. Runde auf 48 Sekunden davon. In der Ferrari-Box großes Atemholen, Rennleiter Tavoni gab Entwarnung: Collins wiegte sich mit dem Zeichen »gleichmäßig« in Sicherheit. Hawthorne ging an Collins vorbei, dessen Kupplung zu rutschen anfing. In der 17. Runde griff Fangio an.

»In den Kurven«, sagte er mir zwölf Jahre später, als ich die Ehre hatte, von Fangio in einem Mercedes 300 SEL 6,3 um den Ring chauffiert zu werden, »probierte ich damals jeweils einen höheren Gang.«

In der 17. Runde fuhr er 9 : 28,5 und verkürzte seinen Rückstand auf 25,5 Sekunden. Mit einer Runde in 9 : 25,3 nahm er Hawthorne weitere 10 Sekunden ab. In der 19. Runde lag er nur noch 13 Sekunden hinter dem Ferrari-Duo. In der 20. Runde trennten ihn nur noch 3 Sekunden, es war einfach unfaßbar, was der »alte Mann« hier am Ring zeigte, wie er seine Gegner düpierte. Als der Lautsprecher 9 : 17,4 verkündete, brach ein Beifallssturm los: der Nürburgring wurde für Fangio zur Via triumphalis.

Zuerst kassierte er Collins, der darüber in Rage geriet und Fangio nochmals überholte. Fangios Antwort kam postwendend in der Nordkurve, er bremste einfach später, warf Collins einen Sandstrahl vor die Räder und war vorn.

Die siegreiche Mercedes-Benz-Rennmannschaft nach dem »Großen Preis von England« am 16. Juli 1955: (von links) Dir. Uhlenhaut, Weltmeister J. M. Fangio, P. Taruffi, Stirling Moss, Karl Kling, Rennleiter Neubauer (Archiv Daimler-Benz)

Hawthorne mochte in Fangio ein Gespenst sehen: Obwohl er voll fuhr, nahm es in seinem Rückspiegel Format an. Nach 22 Runden war die Schlacht geschlagen: Fangio ging 3,6 Sekunden vor Hawthorne durchs Ziel. Collins wurde Dritter vor Musso, Moss gar nur Fünfter.
»Es war für uns immer wieder entnervend, zu sehen, wie Fangio ein Rennen gewann«, resümierte Moss, »er brachte es fertig, sogar in einer Gurke von Auto noch zu siegen.«
1957 wurde Fangio zum fünftenmal Weltmeister.
1958 fuhr Fangio nur zwei Rennen. In Argentinien und in Reims wurde er jeweils Vierter auf einem Maserati. Als er den Sturzhelm abnahm, war er 47 – und vor allem: Er war am Leben.

4. Sein Schicksal war ein Jaguar — oder: Mike Hawthornes Schuld und Sühne

Nie zuvor wurde aus Aluminiumblech eine schnittigere und zeitlos modernere Form gebügelt wie die des Jaguar-D. Jener britische Rennsportwagen, der zwischen 1954 und 1958 seine größten Siege feierte. Heute noch stehen diese tannengrünen Meilensteine britischer Renngeschichte höher im Kurs als brandneue Ferrari-Coupés. Jaguar-D-Besitzer rangieren mit ihrem Kult gleich hinter den Bugatti-Sektierern. Sie würden im Falle finanzieller Not eher ihr Haus als ihr stromlinienförmiges Geschoß verkaufen. Fünfmal feierte Jaguar in Le Mans den Gesamtsieg. Das waren zweifellos die Höhepunkte in der Geschichte dieser Marke, die 1922 aus der von William Lyons in Blackpool gegründeten »Swallow Company« hervorging. Ab 1935 wurde aus der »Schwalbe« ein Jaguar, aber erst zwischen 1953 und 1960 wurden die Wagen aus Coventry ihrem Markensymbol, dem reißenden Raubtier, gerecht: von den großen Langstreckenrennen um den Coupé des Constructeurs konnten sie sieben gewinnen. Aber weichen wir einmal ab vom ausgetretenen Pfad der Statistik. Die menschliche Tragödie des flachsblonden, stets pfeifenrauchenden Briten Mike Hawthorne ist eng mit dem Namen Jaguar verknüpft.
Mike Hawthorne schien es an diesem 22. Jänner 1959 zunächst gar nicht so eilig zu haben, obwohl er als privater Schnellfahrer verrufen war. Stirling Moss wird einem gerne bestätigen: »Ich bin selbst einmal mit Mike gefahren, mir hat's gegraut. Er fuhr mir einfach zu schnell.«
Als Hawthorne seine 3,4-Liter-Jaguar-Limousine mit dem Kennzeichen VDU 881 in Farnham aus der Garage holte, regnete es in Strömen. Die Straße war schlüpfrig. Aber soll man das überhaupt erwähnen, wenn sich ein Weltmeister ans Steuer seines Privatwagens setzt?
Mike Hawthorne war 29 Jahre. Er dankte auf dem Höhepunkt seiner Karriere ab und ging als Weltmeister 1958 in Pension. Das war eine äußerst mutige Entscheidung von ihm. Zuerst der ungewöhnlich steile Aufstieg, dann der plötzliche Rückzug – Mike galt immer schon als unberechenbar.

»Und wenn mir jemand fünf Millionen Dollar in Aussicht stellt«, versicherte Hawthorne, »ich fahre keine Rennen mehr.«
Sein sonniges Wesen hatte sich in den letzten Jahren etwas verdüstert. Hawthorne war nicht so hart im Nehmen, wie man von ihm glaubte. Zu viele Männer seiner Zunft waren unmittelbar neben ihm den Rennbahntod gestorben: Alberto Ascari, de Portago, Eugenio Castelloti, Luigi Musso, Stewart Lewis-Evans, und besonders der Unfall von Peter Collins war Mike unter die Haut gegangen. Schon Luigi Mussos Tod war ein schwerer Schlag für ihn. Der Italiener war Mikes Stallgefährte bei Ferrari gewesen. In Reims versuchte Musso sich bei Mike anzuhängen, flog aus einer Kurve und erlitt tödliche Verletzungen. Mit Peter Collins aber hatte Hawthorne einen seiner besten Freunde verloren.
An diesem 22. Jänner 1959 fuhr Mike nach London. In seinem Terminkalender stand: Besprechung im Cumberland-Hotel. Die Leute einer Dreirad-Vereinigung für Invalide wollten ihn als Schiedsrichter für einen Wettbewerb verpflichten. In Bälde wollte er ein bildschönes Fotomodell heiraten. Der Rückzug ins Privatleben war noch nicht restlos geglückt, immer wieder holte man den Weltmeister ins Rampenlicht; Eröffnungen, Pressekonferenzen, Interviews verhinderten die von ihm erwünschte Distanz zum Rennsport.
Am Rennsport fand er keinen Gefallen mehr. Eine Mission, die ihn lange Jahre begeisterte, war erfüllt, nicht mehr, nicht weniger. Mit dem Weltmeistertitel hatte er das höchste Ziel erreicht.
Überhaupt: Dieser WM-Titel 1958 befriedigte ihn nicht restlos, er hatte Stirling Moss nur hauchdünn nach Punkten besiegt, und die Vollgasbranche war sich einig: Stirling Moss sei der bessere Fahrer.
Im Grand Prix von Portugal war die Entscheidung gefallen. Moss hatte mit seinem Vanwall seinen schärfsten Gegner Hawthorne auf Ferrari jederzeit unter Kontrolle. Zwischen Moss und seinem Rennleiter David York bestand die Vereinbarung, Stirling sofort ein Zeichen zu geben, falls einem Gegner eine schnellere Runde gelungen war. Denn für die schnellste Runde des Rennens wurde damals noch ein WM-Punkt vergeben. David York hielt Moss das Zeichen »HAW REC« hinaus, was »Hawthorn Rekord« bedeutete. Moss aber las »HAW REG«, was aber »regular« geheißen hätte – gleichmäßig. Stirling schaltete daraufhin zurück. Er glaubte Hawthorne würde gleichmäßige Runden drehen. Mit acht WM-Punkten an Stelle der neun möglichen verlor Stirling Moss die Weltmeisterschaft um sage und schreibe einen einzigen Punkt. Denn Hawthorne hätte ohne den Punkt für die schnellste Runde nur sechs statt sieben Zähler auf sein Konto buchen können.

Hawthorne war auch nicht mehr die unbekümmerte, strahlende Siegfried-Figur wie vor Le Mans. Ob er jemals im Privatleben seinen inneren Frieden gefunden hätte, nach alldem, was 1955 dort passierte?

Le Mans 1955: die Kettenreaktion

Le Mans. Ein Dreikampf zwischen Fangio und Levegh auf Mercedes 300 SLR und Mike Hawthorne auf Jaguar hält die Zuschauer in Atem. Die Mercedes gewinnen in den Bremszonen dank ihrer neuartigen Luftbremse. Mike Hawthornes 270 PS starker Jaguar-D seilt sich aber auf der langen Geraden immer wieder von den Silberpfeilen ab. Das Rennen ist noch keine zweieinhalb Stunden alt. Wieder einmal nähert sich die Führungsgruppe aus dem schnellen S vom »weißen Haus« der Menschenschlucht bei Start und Ziel.
Juan Manuel Fangio erinnert sich: »Es war die 36. Runde. Die Zahl wird mir ewig in Erinnerung bleiben. Hawthornes Jaguar lag vorn, etwa 90 Meter vor mir. Hinter ihm, etwas rechts gestaffelt, bereits überrundet, fuhr der Austin-Healey von Lance Macklin. Links hinter ihm lag mein Stallgefährte Levegh. Wir fuhren voll. Plötzlich steuerte Hawthorne scharf nach rechts zu den Boxen hin. Sein unerwartetes Bremsen überraschte die beiden Fahrer hinter ihm. Macklin bremste hart und verriß den Wagen nach links. Da war aber Levegh. Daß ich heute noch lebe, verdanke ich Levegh. Er riß seine rechte Hand hoch, um mich vor seinem plötzlichen Ausscheren nach links zu warnen. Im gleichen Augenblick stand ich schon auf der Bremse...«
Leveghs Mercedes streifte den Austin-Healey und fuhr wie ein Torpedo nach links in den Begrenzungswall, hinter dem Zehntausende Zuschauer, Kopf an Kopf gedrängt, das Rennen verfolgten.
Man fuhr mit Tempo 200 auf der Zielgeraden, die damals gerade für zwei Wagen breit genug war. Für eine dritte Überholspur war einfach kein Raum mehr.
Mike Hawthorne hatte unter dem Streß seines Kampfes mit den Mercedes zweimal schon die Tankzeichen seiner Box übersehen. In der 36. Runde wollte er noch schnell Macklin ausbremsen, bevor er zum Tanken abbog. Mit diesem Gewaltakt drückte er auf den Auslöser der Katastrophe.
Erst nachdem ein Unglück solchen Ausmaßes geschehen war, zog man endlich die Konsequenz. Die Rennleitung verlegte die Signalisation in die langsame Mulsanne-Kurve, wo die Fahrer überhaupt noch die Zeit finden, sich auf die Zeichensprache ihrer Box zu konzentrieren.
Mercedes-Rennleiter Alfred Neubauer weiß in seinem Buch von

Seine letzte Saison: Mike Hawthorne, 1958 einen Ferrari fahrend, am Nürburgring (Foto Julius Weitmann)

einer »seltsamen Begegnung hinter den Boxen« zu berichten. Hawthorne wäre schluchzend Fangio um den Hals gefallen und hätte die Worte gestammelt: »Ich kann nicht mehr weiterfahren, alles war meine Schuld.«

Völlig verwirrt war der Austin-Fahrer Macklin aus seinem gerammten Wagen gesprungen und an die Boxen gelaufen. Er rief nach seinem Wagen und fragte völlig außer sich, wann er wieder fahren könne. Macklin stand unter Schockeinwirkung.

Ein Kriegsrat bei Jaguar beschloß »Weitermachen«. Es wäre das Eingeständnis einer Schuld, würde man nun aufhören, sagte man dem verstörten Hawthorne. »Fahr weiter, damit du auf andere Gedanken kommst«, legt man ihm nahe.

Gegen 23 Uhr telefonieren die Mercedes-Leute mit ihrem technischen Chef Prof. Nallinger in Stuttgart. Nallinger plädierte dafür, daß die Silberpfeile ihre Segel streichen. Rennleiter Faroux fleht wieder einmal: »Fahrt doch weiter...« Das Argument des Rennleiters, unmittelbar nach dem Unfall, war nicht von der Hand zu weisen: »Wenn ihr jetzt aufhört, dann setzt sich eine Viertelmillion Zuschauer in Trab. Die Straßen sind so verstopft, daß die pausenlos zwischen Hospital und Rennbahn hin und her pendelnden Rettungswagen in den Massen steckenbleiben würden.« Spät nachts waren die Toten und Verletzten aber längst abtransportiert.

Mercedes-Pressechef Artur Keser weiß heute noch, was Generaldirektor Fritz Könecke nach Mitternacht am Telefon sagte: »Ich will euch keine Befehle erteilen. Doch bedenkt: Es war ein Auto von uns. Wollt ihr im Siegesjubel der Menge zuwinken?«

Mercedes nimmt die Wagen von Fanio/Moss – sie hielten die Spitze – und Kling/Simon aus dem Rennen. Artur Keser überbrachte die Botschaft vom Rückzug zusammen mit Ing. Uhlenhaut »in einem Anfall von Fairneß« den Jaguar-Leuten. »Die haben aber nur genickt und ihren Fahrern sofort das Zeichen ›langsamer‹ vor die Nase gesetzt...« erinnert sich Keser.

Mike Hawthorne und sein Landsmann Ivor Bueb führten ihren Jaguar zum Sieg. William Lyons, der Besitzer des Jaguar-Werkes, entschied: man werde mit diesem Le-Mans-Sieg aus Gründen der Pietät keinen Werbefeldzug starten.

Noch einmal sah sich Mike Hawthorne allein der deutschen Mercedes-Streitmacht gegenüber. Das war Ende 1955 bei der Tourist Trophy in Dundrod. Wieder drehte Mike, zwischen Getriebe und Kardantunnel im Cockpit eingeengt, an dem hölzernen Lenkrad des Jaguars. Sein Hinterkopf stützte sich an einer großen Hutze ab, die sich zu einer Flosse zusammenkeilte. Der zweite Sitz war aus aerodynamischen Gründen abgedeckt. Unter der langen Fronthaube herrschte der von einem Rahmen eng umgürtete 3,5-Liter-6-Zylinder-Motor, 270 PS stark. Mit einer De-Dion-Achse und neuen, eigens für diesen Straßenkurs für Jaguar entwickelten Dunlop-Reifen rechnete sich Hawthorne echte Chancen aus, wenigstens diesmal die deutschen Wagen zu besiegen. Neubauer von Daimler-Benz geht sogar so weit, zu behaupten, daß Hawthorne so etwas wie einen »Mercedes-Komplex« besessen hätte.

Wieder sah sich Mike in eine Keilerei mit Fangio verwickelt. Wie schon in Le Mans steigerte sich der Brite auch diesmal zu einem neuen Rundenrekord. Es war geschafft: Zwar führte Moss, aber Fangio lag im Rückspiegel des Jaguar. Als Stirling an die Box mußte, ging Hawthornes Kopilot Desmond Titterington in Führung. Der Amerikaner John Fitch übernahm den Mercedes von Moss, Karl Kling fuhr statt Fangio, der Franzose André Simon löste Wolfgang Trips ab. Mittlerweile begann es zu regnen.

Titterington baute seinen Vorsprung dank der Tatsache aus, daß John Fitch eben kein Stirling Moss war. Bei Mercedes schickte man deshalb zum frühestmöglichen Zeitpunkt wieder Moss ins Rennen, Jaguar-Rennleiter »Lofty« England ließ daraufhin Titterington von Hawthorne ablösen.

Moss holte sich die Führung in einer ungestümen Jagd über die winkeligen Dorfstraßen wieder zurück. Noch einmal sah sich Hawthorne an der Spitze, als der Moss-Mercedes tanken mußte, danach aber zog Moss unwiderstehlich auf und davon. Hawthorne quetschte den Jaguar bis aufs letzte aus. Fazit: Eine Runde vor Schluß brach die Kurbelwelle. War aus der Rivalität heraus bei Hawthorne nun ein tiefgründiger Haß gegen den Mercedes-Stern entstanden?

Mike Hawthorne korrigierte nicht ...

An diesem 22. Jänner 1959 hat Mike seinem frisierten Jaguar auf der A 31 zwischen Farnham und Guildford längst die Sporen gegeben, denn auf der Geraden bei Hogs Back war ihm ein Versicherungsmakler begegnet, der den Jaguar auf 100 Meilen per Stunde einschätzte.

Duell vor der Katastrophe: Hawthornes Jaguar führt vor Fangios Mercedes 300 SLR in Le Mans 1955 (Archiv British Layland)

Der Mann wußte sogleich Bescheid, wer ihm da entgegenraste. Mike und sein Jaguar waren in dieser Gegend keine Unbekannten.

Die Straße kannte er auswendig. Schon als Junge probierte Mike hier seine Rennmaschinen aus. Sein Vater war früher Motorradrennen gefahren, und als Mike 1953 von Enzo Ferrari nach Maranello eingeladen wurde, war bei dieser Audienz auch Hawthorne senior mit dabei.

Enzo Ferrari charakterisierte Hawthorne »als einen verwirrenden Fahrer. Ein junger Mensch, der allen Situationen und Eventualitäten gewachsen war. Er verband diesen kühlen, überlegenen Mut mit einer auffallenden Reaktionsfähigkeit, doch war er gleichzeitig Angstzuständen unterworfen«.

Reaktionsfähigkeit – das Stichwort ist gefallen für das, was Mike auf den nächsten Meilen zustieß.

An der Kreuzung zur A 3 nach Onslov Village kam er ausgerechnet hinter einem Mercedes 300 SL zum Stehen. In dem Sportwagen saß der Rennstallbesitzer Rob Walker. Der Mercedes und der Jaguar beschleunigten auf der nassen Straße mit durchdrehenden Reifen. Rob Walker hatte längst im Rückspiegel bemerkt, wer da hinter ihm auf den Sprung nach vorn lauerte. Walker machte Mike Platz, der noch dankend die Hand hob, als er auf gleiche Höhe vorpreschte. Walker ließ sich zurückfallen, um den Gischtfontänen zu entgehen, die der Jaguar nachzog. Wenige Sekunden später sah Walker, wie das Heck des Jaguar zur Seite ausbrach.

»Ich dachte mir nichts dabei«, erzählte Walker, »erstens saß Mike Hawthorne in dem Wagen, und zweitens sah das Ausbrechen des Hecks zuerst ganz harmlos aus. Ich erwartete jedenfalls eine Korrektur.«

Mike Hawthorn aber korrigierte nicht.

»Jetzt«, sagt Walker aus, »war plötzlich der Punkt erreicht, wo der Jaguar schon derart quer stand, daß selbst ein Mann mit Mikes Reaktionsfähigkeit nicht mehr viel dagegen tun konnte.«

Ein Lastwagen tauchte auf. Der Jaguar streifte ein Verkehrszeichen und flog gegen einen Baum. Der Baum wurde durch den Anprall entwurzelt, der Jaguar verformte sich zu einem Haufen Blech.

Rob Walker stoppte, lief zu den Trümmern und hielt nach Mike Ausschau. Er konnte ihn vorerst nicht finden. Dann fand er ihn: hinten im Fond des Wagens. Tot.

In seinem Testament vermachte Mike Hawthorne seiner Mutter 57.000 Pfund. Die alte Dame hatte zeitlebens ausgesorgt – doch um welchen Preis! Durch einen Autounfall hatte sie seinerzeit schon ihren Gatten verloren. Unweit der Stelle, wo Mike verunglückte.

5 Ein Bumerang, der Brabham hieß — oder: Lorbeeren für den Eigenbau

Jack Brabham war Weltmeister 1959 und 1960. Als er Ende 1961 den Cooper-Rennstall verließ, ging es mit den Rennwagen aus Surbiton bergab. Als Bruce McLaren sich Ende 1965 von Cooper trennte, ging es gerade wieder aufwärts. Jack, der Australier, und Bruce, der Neuseeländer, wurden bei Cooper groß, jener Firma, die mit Leichtbau und Heckmotor dem Rennwagenbau neue Wege wies. Der Abschied von Cooper fiel den beiden nicht schwer, denn erstens wollten sie im Do-it-yourself-Verfahren Rennautos herstellen, und zweitens krankte Cooper an chronischer Geldknappheit, Engstirnigkeit, übertriebener Improvisation. Fünf Saisonen lang konnte Brabham keinen einzigen WM-Lauf mehr gewinnen, aber 1966 war er plötzlich wieder Weltmeister.
Er war bereits 44 Jahre alt, und dennoch konnte er 1970 mit einem Jochen Rindt mithalten. Brabham war wie ein Bumerang: er kehrte immer wieder zurück in den Kreis der Sieger. Sowohl Brabham als auch McLaren; für Geschäfte hatten sie scheinbar einen ähnlichen Instinkt wie für Kurvengrenzwerte.

Jack Brabham wurde 1926 in Sidney geboren, als Sohn eines Gemüsehändlers. Im Krieg arbeitete er als Flugzeugmechaniker, 1947 bis 1953 fuhr er in Australien jede Art von Rennen: zuerst auf Sandbahnen, später bei Bergrennen und Straßenrennen. In seiner Heimat war er ein bekannter Mann, als er 1955 mit seiner Gattin Betty und dem damals drei Jahre alten Geoffrey John in England seine Zelte aufschlug, um sich dort ein wenig umzusehen, ein paar Rennen zu fahren und später wieder nach Australien zurückzugehen. Daß ihn sein erster Weg zu Englands führender Rennwagenfirma Cooper führte, war klar.
Coopers erste Erfolgswelle war gerade verebbt, die Zeit der Formel-III-Flitzer mit 500 ccm hatte ihren Höhepunkt schon überschritten. Die winzigen Cooper mit JAP-Motoren waren rudelweise auf die Renn-

pisten ausgeschwärmt, Fahrer wie Stirling Moss und Peter Collins wurden in diesen Schlachten groß, Leute wie Harry Schnell, Piero Taruffi – wer eigentlich nicht? – starteten mit den Miniaturrennwagen. Mike Hawthorne konnte 1962 mit einem Cooper-Bristol Hecht im Karpfenteich bei allen WM-Läufen spielen. Den dominierenden Ferrari und Maserati war er freilich von der Leistung her unterlegen, mindestens 50 PS fehlten dem Bristol-Motor, für Hawthorne waren diese Einsätze aber das Sprungbrett nach oben.

Vater und Sohn Cooper gaben Brabham die Erlaubnis, in ihrer Werkstatt zu arbeiten. Jack war ein geschickter Mechaniker, der sich sofort die Ärmel hochkrempelte und an einem Eigenbaurennwagen zu basteln begann. Ein paar Rennen in England, dann die vorausgeplante Rückkehr nach Australien, wo er sich eine Garage einrichtete, Brabham war ein grundsolider Mann, der keine Nägel ohne Köpfe machte. 1957 unterzeichnete er mit Cooper einen Vertrag.

Am 19. Mai 1957 tauchte Brabham mit einem Cooper im Grand Prix von Monaco auf. Die Experten grinsten beim Anblick dieses Heckmotor-Wägelchens, das sich inmitten der Grand-Prix-Boliden wie ein Tretauto für Kinder ausnahm. Überdies war der Name Brabham in Europa keinem Menschen geläufig. Beim Aussprechen des Namens Brabham wurde erneut geschmunzelt, man fand ihn einfach komisch.

Rob Walker, der vermögende Mann aus der Whiskydynastie hatte sich bereit erklärt, diesen Cooper-Einsatz für Monaco zu finanzieren. Als Neuling Brabham bis zur letzten Runde mit dem Spielzeugauto, hinter Fangio und Tony Brooks liegend, Platz drei hielt, war eine Sensation perfekt. Als die Spitzengruppe zum letztenmal die Steigung zum Casino hinaufjagte, begann aber der Cooper zu stottern, Brabham pumpte mit dem Gaspedal, mit letzter Kraft schleppte er sich hoch, und als er wieder unten durchs Ziel fuhr, war er auf Platz sechs. gefallen.

Bruce McLaren: ein gelehriger Schüler

Ab diesem Rennen war der Name Cooper in aller Munde, und auch Jack Brabham war kein unbeschriebenes Blatt mehr. 1958 gewann Stirling Moss mit einem Heckmotor-Cooper den Argentinien-Grand-Prix. Für die Konkurrenz begann die Zeit des Umdenkens. Die Trumpfkarten hießen nun Heckmotor und Leichtbau. Die schwerfälligen, unhandlichen Frontmotorboliden hatten über Nacht nur noch Schrottwert.

Bild rechts: Jack Brabham in seinen frühen Cooper-Tagen, ein unbekannter Australier, den niemand so richtig ernst nahm... (Foto Julius Weitmann)

Bis die Konkurrenz sich aber umgestellt hatte, war Jack Brabham bereits zweimal Weltmeister: 1959 und 1960 fuhr er mit dem 2,5-Liter-Cooper-Climax von Sieg zu Sieg. Brabham war sein eigener Mechaniker, der sich um alle Feinheiten selbst kümmerte.

Sein gelehriger Schüler war der Neuseeländer Bruce McLaren, ein sehr ruhiger, völlig unscheinbarer Junge. Fuhr Brabham mit dem Cooper, als würde er sich wie in seiner Anfangszeit auf den australischen Sandbahnen befinden – stets wischte er mit ausbrechendem Heck völlig quer stehend durch die Kurven –, so zeigte Bruce McLaren einen sehr beherrschten, weichen Fahrstil.

Bruce hinkte, eine Folge eines Reitunfalles, der einen zweijährigen Spitalsaufenthalt nach sich gezogen hatte. 1952 und 1953 war McLaren junior sogar noch gegen seinen Vater Rennen gefahren, der seines Sohnes Ambitionen stets gefördert hatte. Drei Jahre nach Brabham – 1958 – war der talentierte Neuseeländer nach England gekommen. In der Nähe von Cooper richtete er eine Werkstatt ein. 1959 wurde er offizieller Werksfahrer, und Jack Brabham lehrte ihn alle Tricks.

Als Jack im amerikanischen Grand Prix, der 1959 auf dem Flugplatzkurs von Sebring ausgefahren wurde, in der letzten Runde der Sprit ausging, kam sein »Rottenflieger« McLaren zum ersten großen Sieg.

Cooper konnte aus Brabhams WM-Siegen und auch später, als man immer mehr Rennwagen für private Kunden baute, nie das große Geld schöpfen. Cooper turnte stets am Rande des finanziellen Abgrunds.

Brabham machte sich selbständig – zusammen mit Ron Tauranac, der in England geboren und in Sydney aufgewachsen war, ein gelernter Werkzeugmacher, verhinderter Bomberpilot, der früher selbst Rennen fuhr, 1954 sogar noch gegen Brabham (Jack fiel aus, Ron Tauranac konnte gewinnen). Am 5. August 1962 debütierte der Brabham-Formel-I mit Jack im Cockpit auf dem Nürburgring. Im März 1963 quartierte man sich in einem Schuppen am Kanal von Weybridge ein, unweit der Rennbahn von Brookland, die in der Pionierzeit des Motorsports eine große Rolle spielte.

Der Amerikaner Dan Gurney stieß zum Brabham-Team, Jack räumte ihm sogar das Privileg eines Nummer-eins-Piloten ein. In der Formel I gewann Jack auf der Solitude bei Stuttgart und in Zeltweg, das waren aber keine WM-Läufe. Brabham-Rennwagen galten bereits als der Inbegriff einer fabelhaften Straßenlage. 1964 gewann Gurney die Grand Prix von Frankreich und Mexiko. 1965 hatte man Pech mit den Climax-Motoren: denn die besten Motoren bekam immer nur Lotus für Jimmy Clark. In dieser Zeit reifte bei Brabham der Gedanke, auf dem Triebwerksektor unabhängig zu werden. So entstand ein Achtzylinder-Rennmotor, den der australische Repco-Konzern für Brabham entwickelte. Brabham auf Brabham lieferte 1966 der Weltpresse Schlagzeilen. Der mittelgroße Schweiger mit dem leicht gekrümmten Rücken besaß die List und Routine eines Fangio, den Ehrgeiz und die Regenfahrerqualitäten eines Stirling Moss; wenn es sein mußte, fuhr er mit der Härte eines Graham Hill, und allein sein technisches Feingefühl war in den materialmordenden Grand-Prix-Schlachten nicht mit Gold aufzuwiegen.

Mit grenzenloser Schlauheit...

Brabham wußte: Mein Repco-Motor ist der schwächste, doch die Konkurrenz steckt mit ihren stärkeren Motoren in so vielen Problemen, daß ich am Schluß dennoch gewinnen kann. In den Kurven war Brabham meist der Schnellste, seine Autos waren optimal abgestimmt, Jacks Schlauheit war grenzenlos, seine Routine mindestens 50 PS wert.
Jack gewann in Reims, Brands Hatch, Zandvoort, auf dem Nürburgring, er wurde Zweiter in Mexiko und Vierter in Spa und wurde mit 42 Punkten Weltmeister 1966. John Surtees, einen Ferrari und Cooper-Maserati lenkend, wurde mit 28 Zählern deutlich Zweiter.
Auch Bruce McLaren errang nahezu auf Anhieb Lorbeeren für den Eigenbau. Als Brabham Cooper verlassen hatte, avancierte der Neuseeländer zur Nummer eins. 1962 gewann McLaren in Monte Carlo und Reims, wobei das französische Rennen nicht zur WM zählte. Weitere Siege waren ausgeblieben. Was ihm mit den Werkswagen in der Formel I nicht gelang, schaffte er in der tasmanischen Rennsaison. Da präparierte er sich seinen Cooper in Eigenregie. Fazit: Sieg in der neuseeländisch-australischen Meisterschaft. Mit einem zweisitzigen Rennsportwagen, der auf einem Cooper-Rennwagen basierte, legte er den Grundstein für einen geschäftlichen Erfolg: die Firma Elva übernahm eine verbesserte Version in Produktion.
1966 verkaufte McLaren 50 Exemplare nach den USA. Schon im Dezember 1965 hatte sich »McLaren Racing, Ltd.« in einem einstöckigen Backsteingebäude etabliert, das im Industrieviertel Colnbrock liegt, genau in der Einflugschneise des Londoner Heathrow Airport.
Was den McLaren-Rennwagen in der Formel I versagt blieb, ernteten sie im Canadian-American Cup. Bis Ende 1973 kreuzten McLaren-Zweisitzer 41mal als Sieger die Ziellinie. 1967 (Bruce McLaren), 1968 (Denny Hulme), 1969 (Bruce McLaren), 1970 (Hulme) und 1971 (Peter Revson) schöpften die McLaren-Bomber alles Geld und Prestige ab, das im Can-Am Cup zu erringen war. 1967 holte sich Bruce McLaren

62.300 Dollar, 1970 scheffelte Hulme 162.202 Dollar. Mit 21 Siegen rangiert der schrullige Neuseeländer Hulme in der Can-Am-Statistik immer noch einsam an der Spitze.

Bruce McLaren wurde immer mehr Geschäftsmann, und seine Geschäfte florierten. Er riskierte in den Rennen nicht das geringste, er verstand es, ein Team ausgezeichneter Fachleute um sich zu scharen, kurzum, er galt als einer der sichersten Piloten überhaupt. Doch wie sicher ist »sicher« in diesem Metier?

Wochenlang testete Bruce im Juni 1970 seinen neuen Can-Am-Wagen. Ein 7,5-Liter-Geschoß, fast 700 PS stark. Wochenlang umkreiste er damit die Rennstrecke von Goodwood. Der Wagen war durchgetestet, kein unreifes Auto mehr, am Tag darauf sollte er nach den USA geflogen werden.

Dann passierte es.

Bei über 270 bäumte sich die Heckverkleidung auf. Welche Kräfte da frei werden, kann jeder selbst ausprobieren: man halte bei 100 km/h die flache Hand aus dem Autofenster. Der Can-Am-Wagen wurde vom Wind wie ein Blatt Papier von der Straße weggeblasen. Der Aufprall tötete den Mann im Cockpit: Bruce Leslie McLaren wäre am 30. August 1970 erst 33 Jahre alt geworden.

Als Denny Hulme, McLarens Teamgefährte, von dem Unglück erfuhr – seine Hände waren von Brandwunden, die er sich bei Testfahrten in Indianapolis zugezogen hatte, noch völlig verstümmelt –, soll er gesagt haben: »Ich möchte nur eines, so bald wie möglich fahren.«

Das Meisterwerk einer Frau

Jack Brabham gewann 1970 den Südafrika-Grand-Prix. Er verbremste sich in Monte Carlo, in diesem mitreißenden Endkampf mit Jochen Rindt. Im britischen Grand Prix ging Jack in der letzten Runde der Sprit aus. Zu diesem Zeitpunkt lag er vor Rindt auf Platz eins. Daß es der Australier mit 44 Jahren immer noch mit der ganz jungen Garde aufnehmen konnte, selbst einem Rindt und dessen sogenannten »Wunder-Lotus« in dieser Saison hart auf den Fersen blieb, spricht für Brabham, den Fahrer, und für das von Ron Tauranac eingeschlagene technische Konzept: Schnelligkeit durfte nie auf Kosten der Sicherheit erzielt werden.

Charakteristisch für den Australier war die Tatsache, daß ihm in seiner langen Karriere nur drei schwere Unfälle zustießen, und die passierten ohne sein Verschulden. In Portugal wurde er einst von einem Konkurrenten behindert, worauf er von der Straße flog; in Silverstone geriet er

*Bruce McLaren:
fuhr ohne Risiko,
war bereits
nur noch Geschäftsmann
und verunglückte
dann bei einer Testfahrt
(Foto A. Rottensteiner)*

1960 infolge eines Reifenplatzers von der Strecke; 1970 segelte er in Zandvoort in die Sanddünen – wiederum wegen eines Reifenschadens –, mit dem Cockpit nach unten grub sich sein Formel I in den weichen Sand. Kinder liefen damals herbei und befreiten Jack aus seiner gefährlichen Lage.

Ende 1970 nahm er den Sturzhelm ab. Sein Kommentar klang etwas wehmütig: »Es war ein harter Entschluß, weil mir das Rennfahren nach 23 Jahren immer noch riesigen Spaß machte. Ich weiß überdies sehr genau, daß ich immer noch konkurrenzfähig bin...«

Brabham wurde 126 Formel-I-Grand-Prix alt, seine Gattin aber war der Ansicht: Jack müsse noch viel älter werden. Die Unfälle der Saison 1970 – McLaren, Courage und Rindt ließen ihr Leben – trieben Betty Brabham auf die Barrikaden. Den ehrgeizigen Jack vom aktiven Sport loszueisen war das Meisterstück einer Frau, die im Pulverdampf der Rennsaisonen gealtert ist und den nie endenden Balanceakt einfach nicht mehr mitmachen wollte.

Mit seiner Gattin und den drei Söhnen ließ sich Brabham wieder in Australien nieder. Von Bankstown aus, in der Nähe von Sydney, kann er seine Geschäfte besser kontrollieren: Tankstellen, Autovertretungen, eine Flugzeugwerft und sogar eine Farm haben sich die Brabhams gekauft.

Zu Beginn des Jahres 1972 verkaufte Ron Tauranac den ihm verbliebenen Anteil der Firma »Motor Racing Developments« an den Makler

Zandvoort 1966: Jack Brabham (vorne) hart bedrängt von Jimmy Clark (Foto Julius Weitmann)

Bernie Ecclestone. Geblieben ist nur der Name Brabham, alles andere hat sich geändert. Fahrer kamen und gingen; Graham Hill und Tim Schenken wurden von Carlos Reutemann und Wilson Fittipaldi abgelöst. Konstrukteure und Mechaniker gaben sich bei Brabham die Türklinke in die Hand.

Wenn Jackie Stewart nach seinem Rückzug behauptete: »Ich fühle mich jetzt frei und glücklich«, so wissen Brabhams engste Freunde, daß Jack, seit er keine Rennen mehr fährt, in seinem Innersten ein tief unglücklicher Mensch geworden ist.

# 6 Ford hielt Wort — oder: Le-Mans-Sieg um jeden Preis

Unter den amerikanischen Automobilproduzenten gab es lange Jahre eine Art Gentleman's Agreement, demzufolge der Autorennsport tabu bleiben müsse. Wenn keine Firma Rennen fuhr, erübrigte sich die Werbung: alle konnten sich diese Extraausgabe sparen. Im Sommer 1962 setzte sich Henry Ford II. über dieses Stillhalteabkommen hinweg. Er wollte damit sicherlich seinem Erzrivalen General Motors den Wind aus den Segeln nehmen. Die Konkurrenz fletschte hörbar die Zähne, als Henry seiner Ford-Division überraschend grünes Licht gab. Mit der Zeit wurden die Ziele schärfer, die Ford anpeilte: zuerst wollte man Indianapolis gewinnen, dann Le Mans – außerdem so nebenher noch in Tourenwagenrennen und Rallyes Lorbeeren sammeln. Und als das Plansoll schon erfüllt war, eroberte Ford das letzte Neuland: seit 1967 rast der Name Ford auch in der Formel I – duch das Bündnis mit Cosworth – von Sieg zu Sieg.
Von allen Vorstößen auf rennsportlichem Glatteis war das Unternehmen »Le-Mans-Sieg« für Ford das aufwendigste, langwierigste und abenteuerlichste. Amerikas Automobilgigant zahlte dafür jeden Preis, inklusive Menschenleben.

Er hieß Jack und war zum erstenmal in Europa. »Well«, meinte er, »Ford wird diesmal gewinnen.« Dabei kraulte er seine strohblonde Bürstenfrisur. Jack sah aus wie einer jener Polizisten, die in Gangsterfilmen immer als »Bullen« bezeichnet werden. Jack war Monteur bei Carrol Shelby. Er war einer jener hochqualifizierten Männer, die an den 7-Liter-Ford-Prototypen werkten. Wir kippten noch ein Glas Bier. Jack war ganz versessen auf französisches Bier, auf das weiße Stangenbrot, und er konnte nicht genug kriegen vom Camembert.
Ich sah auf die Uhr: »Morgen um die gleiche Zeit läuft das Rennen bereits acht Stunden!«
Jack starrte nachdenklich in die Nacht hinein. Das Gedränge auf den Gehsteigen, der zum Stocken gekommene Verkehr, die ständig nach-

Le Mans 1965: Ford zahlte Lehrgeld, die Werks-Ferrari gingen ein, Jochen Rindt (Nr. 21) führte einen Ferrari des NART-Teams zum Sieg (Foto Alois Rottensteiner)

rückenden Armeen von Racing-Fans, die mit dem Schlafsack auf dem Rücken in ausgewaschenen Jeans durch die Straßen gammelten, das alles schien für Jack gar nicht vorhanden. »Mein Wagen wird gewinnen«, sagte er schließlich in einem Ton, der alles andere als das Lippenbekenntnis eines Angebers war. Jack hätte genausogut sagen können: »Ich gehe jetzt schlafen.« Sein Wagen: das war der Ford von Bruce McLaren/Chris Amon. Schwarze Karosserie, silberne Streifen, geduckt, flach, breitspurig – ein hinreißendes Stück Rennauto.

»Wenn es heiß wird, gehen die Ford sicher ein«, warf ich ins Treffen und erinnerte Jack, daß in Daytona und Sebring, wo die Ford Anfang 1966 auftrumpften, ihre Lebenserwartung nur durch kühles Wetter erhöht worden war.

Jack winkte ab. »Paßt auf, ich erzähl' euch jetzt was. Eigentlich top secret, doch wir gewinnen ja morgen sowieso. Also wir fuhren kürzlich in Riverside bei Los Angeles einen Dauertest. 30 Stunden lang umkreisten wir den Wüstenkurs. Ken Miles saß die meiste Zeit hinterm Steuer. So heiß wie dort kann es in Le Mans niemals werden. Es war einfach teuflisch. In unserer Kühlbox zerging das ganze Eis, unser Bier schmeckte wie Kühlwasser. Der Motor aber hielt, das verdammte Getriebe hielt, die Bremsen hielten. Wir füllten bloß Sprit und Öl nach...«

Dieses Gespräch wurde am Vorabend des 24-Stunden-Rennens von Le Mans geführt, am 17. Juni 1966. Nach zwei vergeblichen Anläufen wollte Ford diesmal unter allen Umständen in Le Mans gewinnen.

Zerreißprobe, langatmiges Kreisfahren, eine Rallye, einen Langstreckentest, ein wohlorganisiertes Chaos: aber das ist lange nicht alles, was den Zeitungen zu Le Mans einfällt. Eine Tortur für Maschinen, ein Heldenepos auf die Fahrer, ein Rennen sinnloser als jedes andere? Und weiter: eine mitreißende, unbarmherzige, grausame, elektrisierende, langatmige, einmalige Show.

Le Mans ist seit jeher umstritten, bei vielen Fahrern sogar verhaßt: Fangio, Moss, Clark, Rindt, Mitter, Amon, Andretti, Herrmann – sie alle hatten gegen das 24-Stunden-Rennen eine mehr oder weniger starke Aversion.

Le Mans 1965: Nach vier Stunden war dieser 7-Liter-Ford, gefahren von Miles/McLaren wegen Getriebeschadens aus dem Rennen (Foto Alois Rottensteiner)

Für die Firmen aber bedeutet ein Le-Mans-Sieg den denkbar größten Prestigegewinn in kürzester Zeit, über Nacht. Für die Fahrer bedeutet Le Mans in erster Linie Geld, denn der Glorienschein gehört der siegreichen Marke. Die Fahrer, die diesen Lauf zur Markenweltmeisterschaft gewinnen, sind eher von zweitrangiger Bedeutung – zu Unrecht.

Ford wollte Ferrari kaufen

Als Henry Ford 1962 für seine Company das neue Motorsportzeitalter einläutete, mußte erst eine Organisation für das Unternehmen »Le Mans« aus dem Boden gestampft werden. Sogar eine Radikallösung wurde probiert: Ford entsandte Unterhändler nach Maranello, die Commendatore Enzo Ferrari zum Verkauf seiner Rennabteilung bewegen sollten. Die Ford-Unterhändler – die Gespräche fanden Anfang 1963 statt – zogen aber unverrichteterdinge wieder ab. Und es heißt, Enzo Ferrari – für 18 Millionen Dollar zuerst dem Verkauf nicht abgeneigt – habe letztlich deswegen ein kategorisches Nein an die Amis adressiert, weil ihm die Grundbedingung unerfüllbar schien: der Name Ferrari wäre auf den Rennautos künftig hinter dem Schriftzug Ford gestanden.
Aufkaufen konnte Ford Ferrari nicht, die Radikallösung blieb Utopie. Ferrari mußte demnach auf der Rennbahn geschlagen werden. Während in Dearborn Ford-Ingenieure unter dem Projektleiter Roy Lunn mit der Reißbrettarbeit für einen Renn-Prototyp begannen, stieß Lunn in der Londoner Racing Car Show auf den Lola-GT aus der Bastelbude von Eric Broadley.
Die Lola-Story ist auch Broadleys Story: 1958 hing er seine Tätigkeit als Zivilingenieur an den Nagel und gründete mit seinen Ersparnissen von 2000 Pfund die Firma Lola Cars Ltd. Warum Broadley auf den Namen Lola verfiel, weiß er selbst nicht mehr genau. Seine Bekannten meinen, Broadleys Freundin hätte ihren Eric ständig mit seinen Rennwagen teilen müssen, deshalb habe sie unter Anlehnung an den amerikanischen Schlager »Was Lola will, bekommt Lola« ihren herzlosen Blech-Rivalinnen den Namen Lola verpaßt. 1959 baute Broadley vier 1100-ccm-Sportwagen mit Climax-Motor, die in ihrer Klasse von Sieg zu Sieg eilten. 1960 stieg Broadley in die Formel Junior ein. Aus dem Frontmotorwagen wurde 1961 ein Heckmotor-Rennwagen. 1961 formierte sich das Bowmaker Racing Team mit Reg Parnell als Rennleiter sowie John Surtees und Roy Salvadori als Lola-Fahrer.
Im Juni 1963 wurde der Vertrag zwischen Lola und Ford perfekt – zunächst auf ein Jahr.

Was Bruce McLaren, Richie Ginther und Roy Salvadori in Brands Hatch, Goodwood, Snetterton und Monza testeten, was Elektronengehirne errechneten und der Windkanal formte, was Eric Broadlye an die Techniker zwischen Dearborn in den USA und Dagenham in England weitergab, Roy Lunn dann zu einer Neukonstruktion zusammenschweißte, war das ultraniedrige Mittelmotor-Coupé Ford GT-40. Die Bezeichnung ist aus der Höhe dieses Boliden abgeleitet, die 40 Zoll oder 1016 mm betrug.

Am 1. April 1964 stand der erste GT-40 auf seinen Rädern. Beim Vortraining in Le Mans fuhr der Franzose Jo Schlesser den einen, Roy Salvadori den anderen Wagen. Beide rutschten von der regennassen Fahrbahn, die Schuld aber durfte man nicht nur bei den Fahrern suchen.

Hatten die Windkanalversuche ergeben, daß der GT-40 keine Spoiler brauchen würde, so befahl die Praxis genau das Gegenteil. Der Wagen lag bei hohem Tempo ziemlich unruhig. Er wurde steuerlos, weil die Karosse Auftrieb an Stelle von Abtrieb erzeugte.

Rennpremiere auf dem Nürburgring

Es war am 31. Mai 1964. Der Industriegigant Ford feierte mit dem GT-40 auf dem Nürburgring beim 1000-km-Rennen seine Rennpremiere. Am Steuer lösten sich Phil Hill (Weltmeister 1961) und Bruce McLaren ab.

Im Training schaffte der Ford 9 : 04,7 als schnellste Runde – und nur ein Ferrari war noch schneller: Surtees/Bandini kamen auf 8 : 57,9 = 152,7 km/h. Der Fehdehandschuh war geworfen, und Ferrari nahm ihn nicht unvorbereitet an.

Nach acht Runden lag der Ford etwa 80 Sekunden hinter dem führenden Surtees-Ferrari, nach 14 Runden ging dem Neuling an einer Hinterachsstrebe eine Schweißnaht flöten.

Die Chance, einen einzigen Wagen ausgerechnet auf dem Nürburgring über die Runden zu bringen, war sicher nicht groß gewesen. Die Show aber, die von Ford auf der schwierigsten Rennstrecke der Welt abgezogen wurde, ließ bereits ahnen, daß hier eine Dampfwalze von Stapel gelaufen ist, um alle Gegner in den Langstreckenrennen eines Tages niederzuwalzen.

In Le Mans sahen sich drei 4,2-Liter-Ford-GT-40 acht Ferrari-12-Zylindern – drei 4-Liter und fünf 3,3-Liter – gegenüber, McLaren/Phil Hill, Richie Ginther/Masten Gregory und Attwood/Schlesser saßen in den spezialbelüfteten Schalensitzen der Ford.

Der Texaner Carroll Shelby, der 1969 in Le Mans einen Aston Martin zum Gesamtsieg führte, war lange Zeit Fords Schlüsselfigur im Unternehmen »Le-Mans-Sieg« (Foto Alois Rottensteiner)

Triumph des längeren Atems: A. J. Foyt/Dan Gurney führten 1967 diesen 7-Liter-Ford Mark IV in Le Mans zum langersehnten Sieg (Foto Alois Rottensteiner)

Fords V-8-Zylinder-Triebwerke waren identisch mit den Leichtmetallmotoren, die 1963 für die Lotus-Indianapolis-Rennwagen entwickelt worden sind. Die Daten: 4168 ccm, Stoßstangensteuerung, zentrale Nockenwelle, 340 PS bei 7200 Touren. Zum Vergleich die Ferrari: Die 4-Liter leisteten 370 PS bei 7200 Touren, die 3,3-Liter 320 PS bei 7700 Touren. Fahrfertig brachte der Attwood-Schlesser-Ford in Le Mans 1046 kg auf die Waage. Die 4-Liter-Ferrari vom Typ 330 P wogen zwischen 963 kg (Rodriguez/Hudson) und 995 kg (Graham Hill/Joakim Bonnier).

Im Training fuhr Surtees den 4-Liter-Ferrari mit 218,3 km/h oder 3:42,0 min um den Kurs. Richie Ginther im Ford erzielte 3:45,3, dann kam der Rodriguez-Ferrari mit 3:45,5. Der Surtees-Ferrari lief 310 km/h Spitze, der Ginther-Ford 308 km/h.

Im Rennen erreichte der Phil-Hill-Ford 306 km/h Spitze, und nur der kolossale 5-Liter-Maserati von Trintignant/Simon war noch schneller: man stoppte ihn mit 308 km/h.

In puncto Schnelligkeit standen die Ford den Ferrari auf dieser Hochgeschwindigkeitsstrecke kaum mehr nach. Eine alte Philosophie war längst zum Gesetz geworden, sowohl Ford als später auch Porsche mußten es wohl oder übel akzeptieren: Um in Le Mans zu gewinnen, braucht man ein drei Jahre lang gereiftes Auto.

Der Attwood-Schlesser-Wagen brannte ab. Ginther/Gregory, die in der ersten Stunde die Spitze hielten, fielen später mit Getriebeschaden aus. McLaren/Hill waren fünfmal an der Box, arbeiteten sich in der Nacht bis auf Platz vier vor; Phil Hill stellte noch mit 3:39,4 = 211,29 km/h Schnitt einen neuen Rundenrekord auf, bevor die beiden am Sonntagmorgen ebenfalls wegen eines defekten Getriebes schlafen gehen konnten. Das unsynchronisierte Colotti-Vierganggetriebe war zweifellos der schwächste Punkt im GT-40.
Bei den 12 Stunden von Reims fielen alle drei Ford erneut mit Getriebeschaden aus. Die Bilanz 1964 blieb negativ: keiner der acht eingesetzten Ford-GT-40 sah jemals eine Zielflagge.
Für 1965 wurden Fords Rennbahn-Divisionen neu gesammelt, neu formiert. Neue Befehlshaber entwickelten neue Einsatzpläne. Eric Broadley sprang von dem Unternehmen ab. John Wyer übernahm in England das Europa-Hauptquartier. Carroll Shelby, der baumlange Texaner, der 1959 zusammen mit Roy Salvadori in Le Mans einen Aston Martin zum Gesamtsieg führte, der gleiche Shelby, der in Venice (Kalifornien) mit Ford-Hilfe die bissigen Cobra-Zweisitzer baute, übernahm nun auch die Vorbereitung der Renn-Prototypen. Roy Lunn wurde Leiter der Firma Kar Kraft, die sich in Dearborn mit der Entwicklung der zweiten GT-40-Generation befaßte: mit dem Mark II. Aerodynamiker begannen die Karosse neu zu modellieren, der Indy-Motor wurde durch einen auf den Ford-Fairlane-Block basierenden V-Achtzylinder ersetzt, der einen günstigeren Drehmomentverlauf versprach. Früher oder später mußte dieses aufwendigste Vorbereitungsprogramm aller Zeiten einen Erfolg zeitigen.
Ken Miles/Lloyd Ruby gewannen den Saisonauftakt 1965, das 2000-km-Rennen von Daytona, auf einem GT-40, in Sebring führten McLaren/Miles einen GT-40 auf Platz zwei. In Europa allerdings diktierte Ferrari immer noch das Tempo. Einsätze im Vortraining von Le Mans, in der Targa Florio, Monza und am Nürburgring endeten mit Niederlagen.
War der Mark II nun die Rettung? Bei Kar Kraft wurde jetzt ein richtiges Crash-Programm vorangetrieben. Im April 1965 wurde der erste Mark II mit dem 7-Liter-Stock-Car-V-8-Kraftwerk fertig. Man begnügte sich mit 427 PS für den Anfang. 520 PS lagen durchaus im Bereich des Möglichen. Zwei Mark II wurden nach Le Mans verfrachtet, zusammen mit vier GT-40 bildeten sie die Ford-Armada.
Probleme gab es in Hülle und Fülle. Überhitzungen, Getriebeärger, man experimentierte mit immer neuen Spoilern und Flossen. Daß schließlich doch noch eines der 7-Liter-Ungetüme Trainingsbestzeit markieren konnte, war trotz allem keine Überraschung: Phil Hill flog in

der Abenddämmerung in 3:33 min (Schnitt 227,51 km/h) um den 13-km-Kurs. Auf der Geraden liefen die 7-Liter bereits über 320 km/h Spitze.
Nach 6 Stunden und 15 Minuten waren alle sechs Ford-Prototypen aus dem Rennen. Wenigstens einer der vier gestarteten Ford-Cobra sah eine Ziellinie. Ford zahlte immer noch Lehrgeld. Fest stand: Mit dem 7-Liter-Giganten würde aber die Rechnung aufgehen. Wie hatte Richie Ginther einst zu Carroll Shelby gesagt? »Wenn wir in Le Mans einen Wagen haben, der 350 auf der langen Geraden läuft, kann ich anderswo den Wagen geradezu auf Händen tragen. Nur so läßt sich die Rundenzeit für den Sieg aus dem Ärmel beuteln.«
1966 wurde das Ford-Heer wieder einmal umstrukturiert. Was zwischen Shelby in Kalifornien und Kar Kraft in Dearborn, zwischen John Wyers Werkstatt und Ford Advanced Vehicles in Slough und den neu hinzugestoßenen Firmen Alan Mann in England und Holman & Moody in North Carolina (USA) an Bauteilen, Materialien, Fahrgestellen und Motoren herumjongliert wurde, war verwirrend. Und jede Firma verdiente an diesem Reigen, und das gar nicht einmal schlecht. Ein gut florierendes Millionengeschäft war in Fluß gekommen, GT-40 wurden überdies an Privatkunden verkauft.
Das war die Vorgeschichte bis zu diesem 17. Juni 1966, bis zu jenem Abend vor dem 24-Stunden-Rennen, den wir in Le Mans in Gesellschaft des Shelby-Rennmonteurs Jack verbrachten.

Wie die 9-Millionen-Dollar-Rechnung aufging

Einen Tag später. Das 24-Stunden-Rennen war bereits acht Stunden alt. Vier Fords waren bereits »out«. Jack lehnte hinter der Box und rauchte eine Zigarette. Es regnete wieder einmal. Auf der Piste ging es schon merklich ruhiger zu. Sollte Ford auch in diesem Jahr sieglos bleiben? War doch der Unterschied zwischen Ford und Ferrari diesmal geradezu weltbewegend. Um für acht Ford-Prototypen die Weichen zum Sieg zu stellen, kam Ford mit der bisher größten Spezialisten-Streitmacht nach Le Mans. Die genaue Zahl war nicht herauszufinden. (Ich sah einen Mann, der hatte jedenfalls auf seiner Ford-Armbinde die Nummer 128.) 180 Ersatzteilkisten stapelten sich in einer Großgarage. Bei Neonlicht arbeiteten die Männer von Shelby, Alan Mann und Holman & Moody. Breiter Texas-Slang miaute neben Londoner Cockney-Englisch, und ein Kaffeeautomat hielt die Leute bei Laune. Sie rührten im großen Braunen mit dem Schraubenschlüssel um. An alles hatte man gedacht, tausend Dinge lagen wohlorganisiert griffbereit – nur die Kaffeelöffel hatte man vergessen. Das war aber auch das einzige, was Ford fehlte. Standen in Fords neonhellem, blitzsauberem Autosanatorium den Journalisten alle Türen offen, so entfernte man bei Ferrari jede Art von Besucher aus dem Hauptquartier, einem heustadelähnlichen Bau, der an einen geheimen Maffia-Stützpunkt erinnerte. Lustlose Monteure werkten hier bei düsterem Licht an den roten Rennern.

»Geht's denn wieder schief?« fragte ich Jack. »Ach nein,« erwiderte er nach einem tiefen Zug an seiner Zigarette, »unter den Ausfällen ist noch kein Shelby-Wagen.«

Das Alan-Mann-Team hatte bereits beide Ford verloren: Graham Hill blieb in der Indianapolis-Kurve mit defekter Aufhängung liegen.

(Jack grinste dazu: »Alle Ford fahren die gleiche Radaufhängung. Nur Alan Mann glaubte, er wüßte eine bessere. Jetzt kann er sich den Rest des Rennens im TV anschauen...«)

Alan Manns zweiter Tiefschlag war schon um 20.21 Uhr gekommen. Sein Whitmore/Gardner-Ford hatte Kupplungsdefekt. Gleich mehrere Leiden brachen über den Hawkins-Donohue-Ford herein. Er wurde von Holman & Moody vorbereitet, jener amerikanischen Firma, deren Ford-Fairlanes in den Stock-Car-Rennen von Sieg zu Sieg eilten. Doch Le Mans ist kein Stock-Car-Nudeltopf. Hier muß gebremst und beschleunigt werden, hier heißt es Gänge ausdrehen und wieder bremsen und immer wieder Vollgas. Stundenlang volles Rohr.

Paul Hawkins, dem pockennarbigen Australier, war gleich zu Beginn die Antriebswelle gebrochen, dabei wurde das Sperrdifferential lädiert. Eine wegfliegende Motorhaube gab dann dem Auto den Gnadenstoß. Gegen 22.30 Uhr stellte der Andretti/Bianchi-Ford den Betrieb ein: Motorschaden. Erneut hatte es einen Holman-&-Moody-Wagen erwischt.

Um Mitternacht sah es für Ferrari gar nicht so schlecht aus. Rodriguez/Ginther hielten Platz drei, Parkes/Scarfiotti Platz fünf, dahinter staffelten sich Müller/Mairesse und Bandini/Guichet.

In einer Wohnwagenburg wurde für die Ford-Belegschaft Verpflegung ausgegeben. Ich stieß in stockdunkler Nacht mit Jack zusammen, der sich gerade Hot Dogs holte. »Wir drosseln bereits das Tempo«, flüsterte er mir zu.

Zwei Ford führten unangefochten: Ken Miles/Denny Hulme vor Dan Gurney/Jerry Grant. Dabei mußte der von Rodriguez virtuos gefahrene Ferrari aber voll ausgepreßt werden, um sich der Überrundung durch die gedrosselt fahrenden Ford zu entziehen. Die Rollen bei Ford waren insgeheim längst verteilt: Dan Gurney sollte das 24-Stunden-Rennen von 1966 gewinnen. Gurney, der ewige Pechvogel, der das 12-Stunden-Rennen von Sebring schon in der Tasche hatte, als vier Minuten vor

Schluß noch die Ölpumpe des Motors einen Herzinfarkt erlitt. Jack hat den Gurney-Wagen damals betreut, und auch er ist jedes Mal einem Herzinfarkt nahe, wenn sich ein Gespräch auf diesem Drama einpendelt.

Dan Gurney wurde aber erst ein Jahr später – 1967 – mit dem Le-Mans-Sieg entschädigt. 1966 fiel er in der 17. Stunde mit einem überhitzten Motor aus. Miles/Hulme führten nun vor McLaren/Amon. Die Ford-Strategen sprachen sich für ein totes Rennen aus: beide Wagen sollten nebeneinander die Ziellinie überfahren. Beim Fahrerwechsel wurde Ken Miles und Bruce McLaren die neue Parole mitgeteilt. Indes meldete sich die Rennleitung: Im Falle eines gleichzeitigen Überfahrens der Ziellinie wäre auf jeden Fall McLaren Sieger, da sein Wagen in der Startaufstellung erst nach dem Miles-Ford rangierte, deshalb müsse man ihm den Gewinn einiger Meter in Rechnung stellen, McLaren/Amon würden daher die wahren Sieger sein. Die neue Situation wurde Ken Miles von den Ford-Leuten aber verschwiegen: McLaren/Amon gewannen. Jacks Jubel kannte daraufhin keine Grenzen. »Heute abend saufen wir Champagner statt Bier«, verkündete er grölend. Abends fand ich ihn dann in einem Wohnwagen. Schlafend. Le Mans hatte auch ihn beim erstenmal k. o. geschlagen.

Ford aber hielt endlich Wort. Ford fegte Ferrari fort, und im dritten Anlauf gelang der Le-Mans-Sieg. Das Endziel eines Unternehmens, das bis dahin 9 Millionen Dollar verschlungen hatte, war erreicht. Spielte es noch eine Rolle, daß dieser 1-2-3-Sieg mit dem Ausfall von vier 7-Liter-Geschossen bezahlt werden mußte? Auch ein Menschenopfer war zu beklagen: Walt Hansgen, der Amerikaner, der im April beim Vortraining am Ende der Zielgeraden in einem Regenschauer von der Bahn abgekommen war. Carroll Shelby hatte vorher noch den Tagesbefehl ausgegeben: »Wir sind hier, um die schnellsten Zeiten zu fahren, und nicht, um die Wagen zu ruinieren.«

Und die 9 Millionen Dollar lagen gar nicht so weit von jener Summe weg, die man 1963 dem alten Commendatore Ferrari für seinen Rennstall geboten hatte: 10 Millionen waren Ferrari zuwenig gewesen, und die 18 Millionen, die er anfänglich forderte, waren auch Ford illusorisch erschienen.

Fords Rennaktivitäten gingen weiter. Im August 1966 warf ein Betriebsunfall die Entwicklung eines neuen Wagens, des sogenannten J-Typs, zurück. Ken Miles, der asketische, in Kalifornien lebende Brite, starb auf seinem Arbeitsplatz in Riverside, als er mit dem gewichtsmäßig abgemagerten J-Typ im 300-km/h-Tempo von der Straße gefegt wurde. Spezialisten aus der Flugzeugbranche analysierten die Trümmer. Der J-Car mußte daraufhin umgekrempelt werden. Für die

Rennmonteure von Carroll Shelby blieb Ken Miles weiterhin »der beste Mann, den wir hatten«.
Der Mark IV, der 1967 unter McLaren/Andretti das 12-Stunden-Rennen von Sebring gewann, hatte vom J-Typ die Türen, die größeren Bremsen und das Alu-Chassis übernommen, dessen »honeycomb«-(Honigwagen-)Bauweise dem Flugzeugbau entlehnt wurde.
Der Mark IV fiel schwerer und gewollt steifer aus als der ursprüngliche J-Typ. Kar Kraft hatte ein neues Vierganggetriebe entwickelt, das aber dann im 24-Stunden-Rennen von Daytona 1967 zum großen Sargnagel aller Ford wurde.
Fords Unternehmen »Total Performance« wahrte zwar nach außen hin den Schein einer präzis funktionierenden Dollarmaschinerie, doch da krümelte genauso Sand im Getriebe wie beispielsweise im US-Raumfahrtsprogramm. Unachtsamkeit, Sorglosigkeit, Fehlkalkulationen, persönlicher Ehrgeiz und Differenzen lassen sich einfach nie ganz ausmerzen. Nach dem Daytona-Debakel wurde das Sportprogramm nochmals neu koordiniert, diesmal von Jack Passino. Es war seine Aufgabe, Aufgabenbereiche der Mitarbeiter scharf abzugrenzen, um Irrtümer und Fehlerquellen möglichst auszuschalten.

Der Pyrrhussieg von 1967

Die Tage vor dem Le-Mans-Rennen 1967 zeichnete die Weltpolitik. Alle Welt verfolgte mit angstvoller Spannung den Blitzkrieg zwischen Israel und den arabischen Staaten. Daß eine Ford-Invasion planmäßig gegen Le Mans rollte, um einen Rennbahnkrieg für sich zu entscheiden, war das in dieser Woche vor dem 10. Juni überhaupt interessant? Aus Los Angeles und Charlotte wurden sieben Prototypen nach Paris geflogen, und auf Spezialtransportern traten sie den Weg nach Le Mans an. Fords Luftbrücke spuckte 53 t Ersatzteile aus – darunter drei komplette Reservemotoren – und 270 Menschen.
Für vier Dollar die Stunde und zusätzlich acht Dollar vorausgezahltem Tagegeld, bei freier Kost und Quartier, gingen die Monteure von Carroll Shelby an die Arbeit. Sie arbeiteten viel und schliefen wenig, ab der 40. Stunde kamen sie in den Genuß eines Stundenlohnes von sechs Dollar.
Shelby bereitete zwei Mark IV für Gurney/Foyt und McLaren/Donohue sowie einen Mark II für Bucknum/Hawkins vor. Weiter griff man Ford-France unter die Arme, wo für Jo Schlesser/Guy Ligier ein Mark II bereitstand. Holman & Moody erhielt seine zwei Mark IV erst drei Wochen vor dem Abflug nach Europa, noch dazu in einem skelettier-

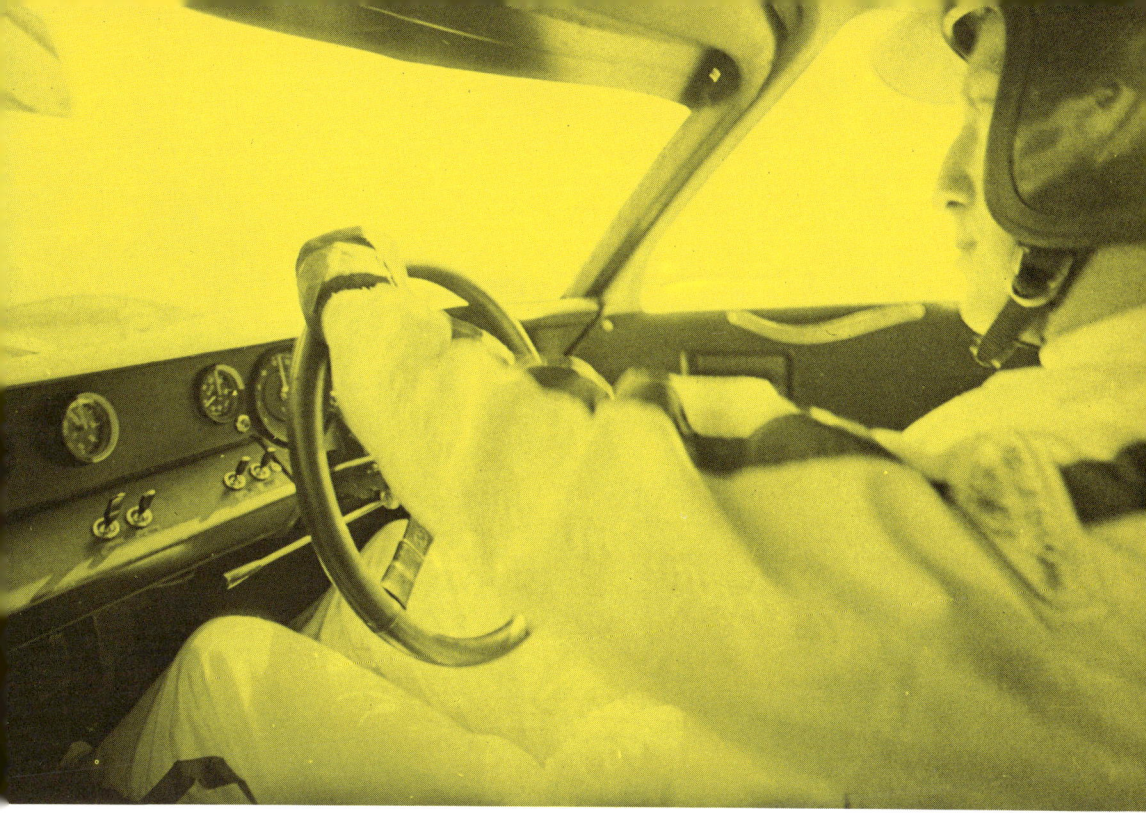

Auch Jochen Rindt chauffierte einen Ford GT 40, doch sowohl in Le Mans, als auch in Zeltweg sah er keine Zielflagge (Foto Alois Rottensteiner)

ten Zustand. Mario Andretti/Lucien Bianchi und Lloyd Ruby/Dennis Hulme wurden die Mark IV anvertraut, Frank Gardner/Roger McCluskey lenkten einen Mark II. Die Ford protzten mit 500 PS bei 5000 U/min und einem Startgewicht von 1205 kg. Ferrari hatte zwar den großartigen P4 anzubieten, dem aber 3 Liter Hubraum auf die Ford fehlte. Zugunsten der Standfestigkeit hatte Ferrari seine Zwölfzylinder außerdem noch etwas rückfrisiert. Fords Rechnung mit dem riesigen Hubraum sollte einmal mehr aufgehen.

Der Schlachtplan von Ford wird zwei Stunden vor dem Rennen präzisiert. An Hand einer Checkliste, die 125 Punkte umfaßt, wird jeder Wagen einer Schlußkontrolle unterzogen. Die Liste besteht aus neun »Kapiteln«: Lenkung, Radaufhängung vorn und hinten, Chassis, Motor, Kupplung, Elektrik, Cockpit und Bremsen. Das Kapitel Cockpit umfaßt sieben, das Kapitel Motor 28 Punkte. Die Unterschrift des verantwortlichen Monteurs kann Gütesiegel oder Todesurteil sein. Der Crew-Chef unterschreibt das ganze Listenpaket als letzte Kontrollinstanz.

Trotz allem werden die Ford gleich in der Startphase des Rennens von seltsamen Leiden heimgesucht. Hulme muß nach 12 Minuten Renndauer einen Gaszug reparieren lassen. Nach 18 Minuten hält Frank Gardner, der asketische Australier, Sohn eines Fischkutterkapitäns. An seinem Vorderrad haben sich Balancegewichte gelöst. Lucien Bianchis Windschutzscheibe weist Sprünge auf.

Nach 17 Uhr werden auf der Geraden von Les Hunaudières folgende Spitzengeschwindigkeiten registriert: der Andretti-/Bianchi-Mark-IV erreicht 343 km/h, der Mark IV von Gurney/Foyt pfeilt mit 340 über das Asphaltband. Der schnellste Ferrari bringt es auf 310 km/h. Um 2 Uhr früh führen drei Ford: Gurney/Foyt, McLaren/Donohue, Andretti/Bianchi. Ein Ferrari von Scarfiotti/Parkes liegt fünf Runden hinter dem Leader auf Platz vier.

Der Morgen kriecht zögernd über die Föhrenwälder empor. Sein blasses Violett glüht im Osten auf. Abseits der Rennbahn stolpert man über vermummte Gestalten, die am Boden schlafen. Mit einer Zeitung als Kopfpolster liegen sie im Sand, wie vergessene Krieger in der Wüste.

Um 3.15 Uhr taucht Mario Andretti in der Box auf. Er hat eine Stunde fest geschlafen, er macht den Eindruck, als würde er vor Spannkraft explodieren. Hat er nun Order, Position zu halten? Hinter Gurney liegt sein Wagen am zweiten Platz. Marios Antwort ist kurz, aber vielsagend: »Wir haben Order...«

Um 3.28 Uhr springt der kleine Bianchi aus dem Cockpit. Ein blasses, übernächtiges, altes Gesicht kommt unter dem Sturzhelm zum Vorschein, die Augenlider fallen zu wie Rollbalken bei Sperrstunde.

Der Tankschlauch wird angesetzt, Bremsklötze werden erneuert. Monteure exerzieren am Wagen, Hände wappnen sich mit Asbesthandschuhen, Bremsscheiben knistern wie heiße Herdplatten.

Mario Andretti – von dem Ford-Chef Jack Passino sagte, »er fährt, als gäbe es kein Morgen« – legt die Gurte an und katapultiert sich mit seinem Raketenschlitten auf die Rennbahn hinaus. Durch die Dunlop-Rechtskurve fliegt er bereits, vor den »Esses« steigt er erstmals voll auf die Bremse, Tempo: 250 km/h. Wahrscheinlich hat Mario vergessen, die neuen Beläge mit dem Pedal vorher leicht einzubremsen. Sofort blockieren die Räder. Andretti kämpft mit dem schleudernden Wagen, kann aber nicht mehr verhindern, daß der Ford gegen einen Wall kracht. Plötzlich taucht sein Stallgefährte Roger McCluskey auf, wild schlenkernd bremst er seinen Ford zusammen. Auf einmal ist auch Jo Schlesser da. Er will der Straßensperre ausweichen, kann den Wagen aber nicht auf der Piste halten und kracht als nächster in der S-Kurve gegen den Erdwall.

Mario Andretti steht mit schmerzverzerrtem Gesicht mitten im Ford-Schrotthaufen und regelt den Verkehrsfluß der nachfolgenden Wagen.

Das Harakiri der drei Ford verbreitet sich in Windeseile um den Kurs. Ganz Le Mans ist nun hellwach.

Die Situation ist für Ford brenzlig. Zwar haben Gurney/Foyt um 7 Uhr früh sechs Runden Vorsprung auf den Ferrari von Scarfiotti/Parkes, schon auf Platz drei und vier lauern aber zwei weitere Ferrari. Die Ford von McLaren/Donohue und Bucknum/Hawkins sind für einen vorderen Platz nicht mehr greifbar.

Gegen 9 Uhr ist die 7-Wagen-Phalanx von Ford auf zwei Autos zusammengeschrumpft. Bucknum/Hawkins eleminiert ein Motorschaden. Gurney/Foyt transportieren ihren Wagen schon sehr behutsam um den Kurs, als hätte er Dynamit im Tank. Um 16 Uhr ist alles vorüber. Ford feiert mit Gurney/Foyt einen vielbejubelten Gesamtsieg. Außerdem: Da hatten zwei Amerikaner auf einem amerikanischen Wagen gewonnen. Für einen so glühenden Patrioten wie Dan Gurney war ein Wunschtraum in Erfüllung gegangen. Trotz ihres Langsam-Fahrplans lag am Ende der Schnitt auf sagenhaften 218,03 km/h!

Die Dollarsaat war in einem Maße aufgegangen, daß Ford 1968 (Rodriguez/Bianchi) und 1969 (Ickx/Oliver) in Le Mans immer noch ernten konnte, was bereits 1963 von Dearborn aus gesät worden war.

7 Liegen beim Siegen — oder: Russisches Roulett à la Lotus

Barcelona 1973. Emerson Fittipaldi schenkte dem britischen Lotus-Rennstall seinen 50. Grand-Prix-Sieg. Ferrari, bis dato in der Statistik mit 49 Siegen führend, war übertrumpft. Bis Ende 1973 standen 53 Siege auf dem Lotus-Konto. Jim Clark, Stirling Moss, Graham Hill, Jochen Rindt, Emerson Fittipaldi, Ronnie Peterson avancierten mit Lotus-Hilfe zu den Größten. Ricardo Rodriguez, Jim Clark, Jochen Rindt ließen in einem Lotus ihr Leben, Stirling Moss beendete in einem Lotus seine Karriere. Kaum eine rennsporttreibende Firma hat auf so revolutionäre Art versucht, Schnelligkeit zu erzeugen, wie Lotus.

In den letzten Runden des Grand Prix von Monaco 1970 witterte Jochen Rindt den Sieg. Er fuhr die letzten beiden Runden entfesselt. Jenseits von Gut und Böse. Er zwang sich, noch später und härter zu bremsen, er rasierte Randsteine und überschritt in den Kurven andauernd die Haftgrenze. Rindt riskierte alles – wie früher, in den ersten Jahren seiner Karriere. Liegen für einen Rennfahrer die letzten Sekundenbruchteile in der Unvernunft, so werden Konstrukteure schon am Reißbrett genötigt, Grenzen zu überschreiten. Unter dem Druck der Konkurrenz wird Schnelligkeit auf Kosten der Sicherheit erzeugt.
Ende 1958 begegnete Colin Chapman, Gründer und Besitzer des recht bescheidenen Lotus-Werkes – Werk stand damals noch unter Anführungszeichen – in Brands Hatch Jim Clark. Der Schotte hatte sich heimlich von seiner Farm weggestohlen und war mit seinem Sponsor Ian Scott Watson nach Brands Hatch gekommen, um einen Formel-II-

Revolutionäre Lotus:
Jim Clark im Lotus-18 jagt Ginthers Frontmotor-Ferrari 1960 in Zandvoort (Bild rechts oben).
Jimmy Clark (Bild rechts Mitte) fuhr und starb auf Lotus.
Der Typ 25 (Bild rechts unten) leitete unter Clark eine neue Ära ein
(Fotos Julius Weitmann)

Lotus zu kaufen. Jimmy Clark hatte gerade seine erste große Rennsaison hinter sich gebracht; er war unerhört erfolgreich gewesen, mit einem Jaguar D feierte er zwölf Siege, und an jenem Tag sollte er sich erstmals in das Cockpit eines Einsitzers klemmen. »Ich war nervös«, gestand Clark später, »Chapman, Innes Ireland und Graham Hill sahen zu.« In der ersten Kurve wäre Clark mit dem Lotus beinahe von der Bahn gerutscht. Er hatte das Bremspedal um eine Idee zu spät gefunden.
Chapman stoppte Clark in seiner schnellsten Runde mit 58,9 Sekunden; Hill erreichte im gleichen Wagen sogar 56,3, scherte dann aber in der Paddock-Bend ein Rad ab. Clarks Mäzen Ian Scott Watson disponierte um. Man erwarb einen Lotus Elite, einen zweisitzigen GT-Wagen, ein superleichtes Coupé aus Kunststoff, das Clark sofort probierte, sogar mit großem Vergnügen. Chapmans zweite Begegnung mit Jim Clark fand am 26. Dezember beim traditionellen Boxing Day Meeting in Brands Hatch statt. Diesmal hatte er ihn zum Gegner im gleichen Wagen, in einem Lotus Elite. Es entbrannte ein harter Zweikampf zwischen dem Konstrukteur und dem Naturtalent aus Schottland. Clark fühlte sich gut genug, um Mr. Chapman abzuhängen. Wahrscheinlich hätte er auch gewonnen – wenn, ja wenn sich nicht unmittelbar vor ihm ein kleiner Austin Sprite quer gestellt hätte, an dem er nicht ungeschoren vorbeikam. Chapman aber konnte noch ausweichen und gewann auf diese Weise vor Clark das GT-Rennen.
Die Wege von Colin Chapman und Jim Clark vereinten sich endgültig aber erst im Jahre 1960. Clarks Fünftagewoche auf der Farm war durch einen Werksvertrag bei Aston Martin oder Lotus längst in Frage gestellt. Als David Brown dann den Rückzug Aston Martins vom Renngeschehen bekanntgab, setzte Clark seine verschnörkelte, ungelenke Unterschrift unter einen Lotus-Vertrag, der für Formel-Junior- und Formel-II-Rennen galt.

Lotus-18: die Katastrophe nach der Sternstunde

Der Lotus-Rennstall war in diesen Tagen alles andere als eine exzellent organisierte Truppe. Es war die Zeit, in der man meist zu spät zu den Rennen kam, weil der Transporter immer wieder unterwegs zu-

Der Lotus-25 war der erste Rennwagen mit einem Schalenrahmen.
Hinsichtlich Gewicht, Straßenlage und »top-speed« auf der Geraden war er der Konkurrenz
auf Anhieb überlegen.
Im Heck lag ein 1,5-Liter-V-8-Climax-Motor (Foto Julius Weitmann)

sammenbrach. Die finanzielle Lage der dem Hinterhofdasein gerade entrückten Firma war alles andere als rosig. Es ist aber geradezu symptomatisch für diesen ehrgeizigen Mr. Chapman, daß er sich immer dann, wenn man ihn am Boden zerstört wähnte, wie ein Phönix aus der Asche erhoben hat: als er Jim Clark verlor, wurde Graham Hill im gleichen Jahr Weltmeister; der Verlust eines Jochen Rindt wurde durch Fittipaldi sehr rasch wettgemacht, ein Übergang, der beinahe nahtlos war, denn schon in der übernächsten Saison nach Rindt wurde mit Fittipaldi wieder ein Lotus-Pilot Weltmeister.

Als Chapman 1960 seinen neuen Lotus-18-Rennwagen in einer 2,5-Liter-Formel-I-Version in den argentinischen Grand Prix schickte, hatte er die erste Seite einer neuen Rennbibel geschrieben. Allein die Tatsache, daß Stirling Moss seinen Teamchef Rob Walker veranlaßte, einen solchen Lotus-18 zu kaufen, obwohl auch ein Formel-I-Cooper in der Garage stand, zeigte, daß Chapman ein unerhörtes Werk geschaffen hatte.

In Monte Carlo bewies Moss, wie instinktiv richtig er gewählt hatte: er gewann mit dem Lotus-18 den Grand Prix. In Zandvoort bekam Jim Clark seine erste Formel-I-Chance. Während Innes Ireland den neuen Lotus auf Platz zwei – hinter Brabhams Cooper – brachte, schied Clark aus. Moss wurde Vierter. Er war damals – übrigens zum ersten- und letztenmal – mit einem neuen taktischen Konzept ins Rennen gegangen. Die Presse hatte Moss stets als materialmordenden Fahrer hingestellt, deshalb bezog der drahtige Brite in diesem holländischen Grand Prix hinter dem führenden Brabham zunächst eine abwartende Position. Ein von Brabham aufgewirbelter Stein zertrümmerte dann aber das Vorderrad des Moss-Lotus. Stirling fuhr langsam an die Box, und die Rob-Walker-Leute mußten sich erst von Lotus ein Reserverad holen.

Dann kam Spa, der Grand Prix von Belgien. Chapman setzte neben Ireland und Alan Stacey erneut Jim Clark ein, der inzwischen vier Formel-Junior-Rennen gewonnen hatte. Im Abschlußtraining verlor Stirling Moss in der schnellen Malmedy-Rechtskurve das linke Hinterrad seines Lotus-18. Bruce McLaren stoppte an der Unfallstelle, lief zu dem bewußtlosen Moss, wagte aber nicht, dem Verunglückten zu helfen. Daß in der gleichen Runde der Lotus-Pilot Mike Taylor wegen eines technischen Gebrechens von der Strecke abgekommen war und ebenfalls bewußtlos im Wald lag, entdeckte man erst eine halbe Stunde später.

Die ersten Worte, die Moss im Spital sprach, so erinnert sich Rob Walker, waren eine Entschuldigung: »Sorry, ich kann nichts dafür.« Fotos bewiesen später, was auch Moss protokollieren ließ: Ein Hinterrad überholte den Lotus im 200-km/h-Tempo, der Wagen drehte

Jochen Rindt im Lotus 72: der schnellste im alles überragenden Wagen
(Foto Alois Rottensteiner)

sich, schleuderte auf eine Böschung zu, überschlug sich mehrmals, raste dann als Dreirad – ohne Moss, denn der fiel aus dem Cockpit – auf die andere Fahrbahnseite und rodelte eine Böschung hinab. Typisch Moss, als er trotz Rippenbrüchen, einer deformierten Nase und bösen Rückenverletzungen, auf dem Operationstisch liegend, Rob Walker bat: »Das Rendezvous heute abend, ich glaube, ich werde nicht kommen können. Könntest du dem Mädchen absagen?«
Im Rennen verunglückte das britische Nachwuchstalent Chris Bristow in der langgezogenen Burnenville-Rechtskurve tödlich. In der Malmedy-Kurve zahlte der Lotus-Pilot Alan Stacey den höchsten Preis. Sein Sturz war so schwer, daß er noch auf dem Weg ins Spital starb.
Zwei Fahrer im Krankenhaus (Moss, Taylor), zwei Fahrer tot. Drei der verunglückten Piloten fuhren einen Lotus, einer (Bristow) einen Cooper – das war eine schreckliche Bilanz. Heftige Debatten flammten sofort auf, die in der Frage gipfelten: Wie weit wurde der Leichtbau bei den britischen Rennwagen bereits übertrieben?
Nachdem Moss im Training gestürzt war, hatte sich Chapman mit Sturzhelm und Krawatte in den Lotus von Innes Ireland gesetzt, um in der Malmedy-Kurve einen privaten Lokalaugenschein vorzunehmen. Chapman ließ daraufhin alle lebenswichtigen Teile der heil gebliebenen Lotus-Rennwagen im Magnoflux-Verfahren durchleuchten, um etwaige Materialfehler aufzudecken. Darüber hinaus wurden für die Wagen von Clark, Ireland und Stacey aus England neue Teile nach Belgien eingeflogen.
Wie sah dieser Lotus-18 aus, der sich plötzlich als schnellster Formel-I-Rennwagen herauskristallisierte, doch in seiner ganzen Konzeption zu neu, zu gewagt, daher ein sehr störungsanfälliger Apparat war?
Chapman hat den Heckmotor zwar nicht erfunden, wurde jedoch zum konsequentesten Nutznießer dieser Idee. Der Rohrrahmen des Lotus-18, von quadratischen Querspanten unterteilt, bestand aus vier starken Längsholmen. Das ganze Chassis war für damalige Begriffe äußerst verwindungssteif. Mit einer neuartigen Radaufhängung umriß Chapman im Prinzip bereits jene Bauweise, die – raffiniert und ingeniös weiterentwickelt – auch heute angewandt wird. Bezeichnenderweise fehlte an der Hinterradaufhängung der obere Querlenker! Diese Funktion übernahm damals schlicht und einfach die Halbachse. Brach die Halbachse, flatterten die Hinterräder ohne Führung nur an dem fragilen unteren Querlenker. So sah also die Achillesferse dieses Lotus-18 aus. Der Unfall von Moss ging zweifellos auf das Konto dieser unbekümmerten Bauweise, mit der man Gewicht sparen wollte. Es liegt nahe, daß auch Alan Stacey von einem Aufhängungsgebrechen heimgesucht wurde. Bei Mike Taylor hatte sich ein Lenkungsdefekt eingeschlichen.

Das Lotus-18-Leichtgewicht wog nur 400 kg. Mindestgewichtsvorschriften bestanden damals in der 2,5-Liter-Formel nicht. Lotus-Fahrer konnten mit dem leichtesten aller Formel-I-Wagen viel später als die Konkurrenz bremsen. Der 2495-ccm-Vierzylinder-Climax-Motor mit zwei obenliegenden Nockenwellen gab, durch zwei Weber-Doppelvergaser atmend, 240 PS bei 6750 U/min ab. Einem Weltmeister konnte dieser Lotus noch nicht auf den Thron helfen, Jack Brabham auf Cooper war 1960 nicht nur eine schnelle, sondern auch eine zuverlässige Kombination, und 1961 verstand es Ferrari, ein deutliches Plus der Motorleistung herauszuarbeiten. Wenn aber ein Sieg des außergewöhnlichen Lotus-18 Renngeschichte geschrieben hat, dann der von Stirling Moss 1961 in Monaco.

Wieder Rob Walkers mitternachtsblau lackierten Wagen lenkend, den sein Monteur Alf Francis modifiziert hatte, ging Moss nach der 13. Runde in Führung. Mit staunenswerter Konzentration wedelte er den Lotus geradezu spielerisch um den 3,14-km-Kurs. Moss gelang es, die drei neuen Heckmotor-Ferrari virtuos abzuhängen. Für Jimmy Clark – in einem Werks-Lotus-18 mit strömungsgünstiger Spezialschnauze – war das Rennen in der 89. der 100 Runden zu Ende.

Alf Francis und Stirling Moss arbeiteten in einer Atmosphäre ständiger Zankerei und Differenzen zusammen. Rob Walker erinnert sich: »Ich war stets nur der Puffer zwischen den beiden.« Als Moss 1962 in Goodwood jenen Unfall hatte, der seine Karriere beendete, saß er wie immer in dem Walker-Lotus. Aus nie ganz geklärter Ursache – wahrscheinlich infolge eines technischen Gebrechens – kam der Lotus mit 190 km/h von der Bahn ab.

Am 1. Mai 1963 war Moss von den Folgen des Unfalles so weit wiederhergestellt, daß er ganz geheim einen Rennsportwagen bestieg, um sich selbst zu testen. Eineinhalb Stunden fuhr Moss im Renntempo um den Kurs. Als er den Sturzhelm nachher abnahm, wußte er: Ich bin nicht mehr der alte. Seine Reaktionen kamen nicht mehr so blitzschnell wie früher. »Ich mußte jedesmal erst nachdenken, mußte mir selbst Befehle erteilen: Hier bremse, da schalte. Es ging einfach nicht mehr so reibungslos und schnell wie früher«, bekannte Moss, »ich fühlte mich wie einer, der alle Antworten auf alle Fragen wohlweislich in ein Buch schrieb, doch plötzlich dieses Buch verloren hatte.«

Moss war ein Phänomen. Er startete bei 466 Großen Preisen und gewann während seiner steilen Karriere 194 Rennen. Er war in der Automobil-Weltmeisterschaft viermal Zweiter (1955 auf Mercedes, 1956 auf Maserati, 1957 auf Vanwall, 1958 auf Vanwall und Cooper). 1959, 1960 und 1961 war er jeweils Dritter in der WM.

Er war einer der Größten, aber er wurde niemals Weltmeister. Moss nahm sich die Anschuldigungen, er fahre immer nur auf Biegen und Brechen, sehr zu Herzen. »Wenn ich wußte, daß der Wagen nicht konkurrenzfähig war oder eine schwache Stelle hatte, so quetschte ich niemals den Wagen, sondern immer nur mich aus«, argumentierte Moss seinen Kritikern gegenüber.

Moss bekam von seiner Box im Training nie eine Rundenzeit angezeigt. Er stoppte sich eigenhändig mit seiner Armbanduhr.

1973 probierte Moss in Snetterton einen 2-Liter-Chevron-Sportwagen. Nur zum Spaß. Brian Redman legte zu Beginn eine Zeit vor. Moss fuhr und fuhr, war aber schließlich vier Sekunden langsamer als diese Richtzeit. Er nahm den Helm ab und schüttelte fassungslos den Kopf. Was die breiten Rennreifen heutzutage an Bremsverzögerung bieten, war für Moss unbegreiflich. »Ich zwang mich andauernd, noch später zu bremsen, und wiederum bremste ich immer noch zu früh, weil ich Bremsdistanzen nur nach früheren Begriffen abschätzte, wo die Reifen noch schmal wie die eines Fahrrads waren ...«

*Die flüsternde Revolution:
Lotus-Turbinenwagen
für Indianapolis 1968.
Am Steuer: Joe Leonhard
(Foto Alois Rottensteiner)*

*Der JPS mit Ronnie Peterson,
1974 im spanischen Grand Prix:
Das Beste vom Lotus-72 wurde in das
74er-Modell übernommen
(Foto Alois Rottensteiner)*

Die Jim-Clark-Ära: Liegen beim Siegen

Moss kann sagen: »Ich habe dem Sport alles gegeben, nur nicht mein Leben.« Als er weg vom Fenster war, immer neue Operationen über seinen in Goodwood zerschlagenen Körper ergehen lassen mußte, gewann ein neuer Stern seine Leuchtkraft: Jimmy Clark. In Zandvoort, am 20. Mai 1962, wurde der neue Lotus-25 enthüllt – und die Vollgasbranche stand kopf.

Über die erste Fahrt im »Twenty-Five« erzählte Clark: »Ich lag im Cockpit fast auf dem Rücken, darüber war ich alles andere als glücklich, speziell in engen Kurven.« Das Revolutionäre an diesem Wagen war das »Blechkasten-Chassis«, bald Schalenchassis genannt, im Englischen als »Monocoque« bezeichnet.

Das tragende Element des Wagens war eine Rumpfschale aus Aluminium, die zusammengenietet und durch vier Querspanten aus Stahl versteift wurde. In den Rumpfschalen lagen links und rechts neben dem Cockpit die beiden Haupttanks, ein dritter Tank war unter dem Fahrersitz installiert. Mit dem Lotus-25 war auch das Problem der Größe und Unterbringung von Treibstofftanks gelöst. Die neuen V-8-Motoren von Climax hatten mehr Durst als die alten Vierzylinder, und er konnte nun problemlos gestillt werden.

Saß man zu Fangios Zeiten mit gegrätschten Beinen wie auf einem Sessel völlig aufrecht im Cockpit, so lag Clark im 25er mit ausgestreckten Beinen wie in einem Liegestuhl ausgestreckt auf dem Rücken. Seine Füße konnten auf der hängend angeordneten Pedalerie herumtollen, ohne daß er die Fersen vom Boden abheben mußte. Drehte man zu Fangios Zeiten noch an hölzernen Lenkrädern, die bis zu 50 cm Durchmesser hatten, so ruhten Clarks Hände auf einem 31 cm kleinen Lederlenkrad. Das Cockpit paßte wie ein Maßanzug, Jimmys schmächtige Gestalt wurde faltenlos eingekleidet.

»Die Sitzposition des Fahrers«, schrieben Autofachzeitungen, »dürfte ihren Tiefpunkt erreicht haben.« Experten orakelten: »Der von Lotus im Chassisbau eingeschlagene Weg könnte in Zukunft auch von anderen Konstrukteuren übernommen werden.« Zumindest in letzterem Falle hatten sie recht: Wenn man von Porsche absieht, wo der Rohrrahmen zur höchsten Perfektion gebracht wurde, besitzen heute nahezu alle Rennsportinstrumente ein Monocoquechassis.

Der Lotus-25 war bei seinem Erscheinen nicht nur der leichteste aller Formel-I-Wagen. Jimmys Liegestuhl wies auch den geringsten Luftwiderstandsbeiwert auf. Schon das Debüt in Zandvoort ließ ahnen, was in diesem Wagen steckte.

Die WM-Entscheidung allerdings wurde auf das letzte Rennen in Südafrika vertagt: Clark oder Graham Hill hieß die Frage. Weit in Führung liegend, lockerte sich bei Clark eine Schraube im Motor, und eine Ölfahne kündete das nahe Ende des Lotus an. Schnauzbart Hill wurde auf BRM Weltmeister.

Chapman resümierte nach Ende der Saison 1962: »Ich wußte, nur *ein* Gegner konnte Jim Clark im Twenty-Five schlagen, nämlich mangelnde Zuverlässigkeit. Der 25er zeigte gewisse Probleme – leider immer nur in den falschen Rennen, nämlich in den WM-Läufen. Was den Entwurf betrifft, kam ich zu der Überzeugung, daß kein Detail falsch war. In Monte Carlo fiel Jim wegen einer fehlerhaften Getriebeeinstellung aus, in Zandvoort wegen einer schlechten Kupplungseinstellung, in Rouen wurde der Spannbolzen der Vorderradaufhängung locker, am Nürburgring hatte sich Jim selbst besiegt, als er vergaß, die Treibstoffpumpe einzuschalten. In Monza füllten wir ein falsches Öl ins Getriebe, und in Südafrika fiel die bekannte Schraube aus dem Kurbelgehäuse.«

Zu Rouen sollte man noch einen Nachsatz schreiben: Als Clark dort, im Training bereits, die Lenkung brach, zischte er Chapman an der Box wütend an: »Jetzt hättest du mich fast umgebracht.« Man sollte auch nicht vergessen, daß Ricardo Rodriguez, eines der größten Talente aller Zeiten, in einem Lotus den Tod fand. Beim Training in Mexico City; er fuhr den Typ 24 (den Vorgänger des Twenty-Fife).

1963 waren die Kinderkrankheiten des Lotus-25 auskuriert. Jim Clark gewann sieben von zehn WM-Läufen und wurde Weltmeister. Die Zeitungen schrieben: »Formel-I-Rennen haben ihre ganze Spannung verloren, seit mit Jim Clark auf Lotus der Sieger immer schon vor dem Start feststeht.«

Mit dem Lorbeerkranz am Nürburgring entthronte Jim Clark am 1. August 1965 den regierenden Weltmeister John Surtees. Das war Clarks zweiter Titelgewinn, den selbst jene zartbesaiteten Hausfrauen des Londoner Vororts Cheshunt nicht verhindern konnten, die in einer Petition an die Stadtverwaltung die Stillegung der Firma Lotus gefordert hatten – wegen zu großer Lärmentwicklung.

Clark und Lotus waren die alles beherrschende Kombination, die Konkurrenz sah sich in eine Statistenrolle versetzt. Clark war in Eeast London, Clermont-Ferrand, Silverstone, auf dem Nürburgring und in Mexico City jeweils Trainingsbestzeit gefahren, in Südafrika, Belgien, Frankreich, England, Holland und Deutschland stand er ganz oben auf dem Siegerpodest. Ein Erfolg war dem anderen ähnlich: Raketenstart, einige phantastisch schnelle Runden – und schon war der Schotte dem Feld leichtfüßig enteilt. Nie wurde Jim Clark ernstlich gefordert. Ein Innes Ireland sagt heute noch: »Clark wird allgemein überschätzt, er saß einfach in einem überlegenen Wagen.« Für Jackie Stewart aber bleibt

Emerson Fittipaldi auf Lotus: kam 1970 ins Team; bereits 1972 wurde der brasilianische Wunderknabe Weltmeister (Foto Georg Andre Spozio)

Jimmy »der konkurrenzfähigste Fahrer, den ich in meiner ganzen Laufbahn angetroffen habe!«.
Ab 1. Jänner 1966 trat die neue 3-Liter-Formel-I in Kraft. Nachdem Coventry-Climax sich vom Rennsport zurückgezogen hatte – von dieser Firma somit kein entsprechendes Triebwerk mehr zu erwarten war –, klaffte im Heck der Lotus-Rennwagens ein Loch. Chapman stopfte es notgedrungen mit einem auf 2 Liter aufgebohrten Climax-Achtzylinder aus der vorangegangenen 1,5-Liter-Formel. Und es entbehrte nicht einer gewissen Pikanterie, daß Lotus plötzlich auf die Hilfe seines härtesten Gegners – BRM – angewiesen war.
Jim Clark leistete sich mit dem 2-Liter-Lotus-Climax einige Husarenstücke, die aber kaum gewürdigt wurden, weil ihnen der Glanz eines Sieges fehlte. Im Laufe der Saison verflüchtigten sich auch die Autogrammjäger um Clark und das Lotus-Team, denn der einstige Hauptdarsteller auf der Bühne des Grand-Prix-Sports spielte nunmehr eine bescheidene Nebenrolle. Nie sah man deutlicher, wie sprunghaft die Gunst des Publikums ist.

Erst in Watkins Glen 1966, nach 14 sieglosen Monaten, stand Clark wieder unter dem Lorbeerkranz bei einem WM-Lauf. Sein Lotus hatte einen BRM-16-Zylinder-Motor als Antriebsquelle. In der WM rangierte Clark nur auf Platz sechs.
1967 war dann jene Lotus-Waffe schußbereit, die auf Anhieb wieder einmal neue Maßstäbe setzte. Sie war aber erst im zweiten Jahr derart ausgereift, daß ein Mann wie Graham Hill den Weltmeistertitel erringen konnte. Sehr leicht hätte Rindt für Lotus den Titel auch 1969 prolongieren können. Was Jochen Rindt aber daran hinderte, war eine verfehlte Rennpolitik von Colin Chapman.
Lotus-49 hieß das neue Gerät. Chapman und sein Chefkonstrukteur Maurice Philippe bauten es um den neuen 3-Liter-Cosworth-Motor herum, den Keith Duckworth mit einer 100.000-Pfund-Entwicklungshilfe von Ford konstruierte. Ein Motor, der vorerst nur Lotus zur Verfügung stand, in der Folge aber zum siegträchtigsten Triebwerk der Renngeschichte avancieren sollte.
Unter Clark gewann der Lotus-49 gleich bei seinem ersten Auftreten den holländischen Grand Prix. Angesichts des »Fourty-Nine«, der die Konkurrenz gewissermaßen zu Oldtimern erniedrigte, schlüpfte John Surtees der resignierende Ausspruch über die Lippen: »Was soll ich jetzt noch mit meinem Honda-Rennwagen?«
Trotz vier Grand-Prix-Siegen wurde 1967 aber nicht Clark Weltmeister, sondern jener Fahrer, der nur zwei Rennen gewinnen konnte, in elf Rennen aber auch nur zweimal (Clark hingegen fünfmal) ausfiel: Denny Hulme aus Neuseeland.
Clark gewann die neuseeländisch-australische Tasman-Meisterschaft vor Chris Amon auf Ferrari, und Chapman gelang es, einen finanzkräftigen Zigarettenkonzern vor sein Team zu spannen, das ab sofort »Gold Leaf Team Lotus« genannt wurde. Die grasgrünen Lotus-Renner mit dem gelben Mittelstreifen färbte ein Rot-Weiß-Gold – wie die Zigarettenpackung ihrer Geldgeber.
Jim Clark gewann am 1. Jänner 1968 den Großen Preis von Südafrika – das war sein 25. Grand-Prix-Sieg. Ganz nebenbei gesehen: alle 25 Siege auf einer einzigen Marke – das war in jedem Fall ein neuer Rekord.
Am 7. April 1968 verunglückte Jim Clark auf dem Hockenheimring tödlich. Sein Lotus-Formel-II-Rennwagen flog in einer fast geraden Streckenpassage im 240-km/h-Tempo plötzlich nach links in die Bäume. Das Lotus-Wrack wurde später in einer Materialprüfstelle der Luftfahrtindustrie untersucht. Genaue Ergebnisse wurden nie veröffentlicht. Soviel aber dürfte feststehen: Ein Jim Clark – der in diesem Augenblick ohne direkten Gegner fuhr – hätte sich an dieser Stelle keinen so lächerlichen Fahrfehler erlaubt, der einen Rennwagen nach links aus

Rindt im Lotus-72: Auf Siegesfahrt im Clermont-Ferrand (Foto Alois Rottensteiner)

der Bahn wirft. Sagte ein Lotus-Mechaniker, der in Hockenheim mit dabei war, überzeugt: »Es war ein Reifendefekt, die Luft muß ganz plötzlich entwichen sein, dadurch riß es den Reifen von der Felge.«
Das autosportliche Weltwunder Jim Clark war tot. Clark, der im Rennwagen geradezu als unverwundbar gegolten hat. Oft genug krachte es bei ihm, aber immer nur weil das Material, niemals weil der Pilot überfordert war. Einmal, 1964 in Indianapolis, platzte ein Reifen. Tempo 240. Sofort riß sich das Rad von der Aufhängung los. Clark krümmte sich im Cockpit zusammen und tat instinktiv das Richtige, nämlich nichts. »Ich wagte eine Meile lang nicht, das Lenkrad um einen Zoll zu drehen oder gar die Bremse zu berühren«, hatte Clark später gestanden. Im Grunde war er ein introvertierter, sehr einsamer Mensch, der sich von der Umwelt abkapselte. Ein Sonderling aus dem einsamen schottischen Hochland, der gerne Fingernägel kaute, eine unglaubliche Spannkraft in sich konservierte und in seinem Metier auf eine Art und Weise der Beste war, die er selbst nie zu enträtseln vermochte.

Die auf Clarks Spuren wandelten: Hill, Rindt, Fittipaldi, Peterson, Ickx

Am 11. November 1968 erklärte Jochen Rindt in Wien: »Ich starte 1969 für Lotus!« Was Rindt bei Lotus faszinierte, war nicht nur die Tatsache, doppelt soviel Geld wie im Brabham-Rennstall zu verdienen, sondern wohl auch die Herausforderung, ein Nachfolger Jimmy Clarks zu sein.
Graham Hill (Jahrgang 1929) hatte sich 1968 auf einem Lotus-Cos-

Die Uhr ist abgelaufen: Jochen Rindts letzte Runde in Monza

Colin Chapman, Jochen Rindt; Lotus-72: Innenliegende Scheibenbremsen waren damals neu. Doch selbst heute gibt es mit diesen Dingern noch Probleme – aber nicht nur bei Lotus (Foto Alois Rottensteiner)

worth-49 den WM-Titel gesichert. Als Rindt für Lotus unterschrieb, wußte er um die technischen Defekte, die 1967 und 1968 Lotus-Insassen immer wieder in haarsträubende Situationen brachten. Rindt bagatellisierte diese beunruhigende Bilanz mit einem Achselzucken: »Schließlich brechen auch andere Rennwagen.«

Stimmt: Auch die anderen saßen im Glashaus, und niemand durfte den ersten Stein werfen. Nur Matra und Ferrari hielten sich von Defekten fern, die gefährliche Momente oder einen Unfall nach sich zogen. An Schwere und Häufigkeit gemessen hätte Lotus die Bruchstatistik in dieser Zeit unangefochten angeführt.

Gleich bei seinem zweiten Lotus-Start im Jänner 1969 auf der neusee-

ländischen Levin-Rennstrecke überschlug sich Rindt wegen Bremsschwierigkeiten.
Vier Monate später führte Rindt im Grand Prix von Spanien mit seinem Formel-I-Lotus das Feld an, als der Heckflügel plötzlich zur Guillotine wurde. Noch in der Nacht vor dem Rennen hatten sich die Lotus-Monteure von den McLaren-Leuten Blech ausgeborgt, um Rindts Heckflügel, der hoch über die Hinterräder emporragte, nochmals zu vergrößern. Man wollte dem Wagen stärkeren Bodendruck verschaffen.
Der Flügel knickte ein, und der Lotus knallte wie von einer Riesenfaust geschmettert mit 240 km/h gegen die Leitschienen.
»Der Flügel mußte brechen«, sagte man Rindt später bei Lotus, »wir haben Berechnungen angestellt...« Nachher erst, nachher...
»Haben Sie jetzt Ihr Vertrauen zu Lotus verloren?« fragte ein Reporter. Rindt: »Ich habe nie welches besessen.« Das russische Roulett mit Lotus spielte er aber weiter, die Folgen des Streifschusses von Barcelona waren schnell überwunden.
Im Mai 1969 hatte Mario Andretti in Indianapolis einen spektakulären Unfall. Was seinen Lotus-64 aus der Bahn warf, waren Überhitzungserscheinungen in den Radnaben. Sehr böse in diesem Fall, denn das rechte Hinterrad des Lotus löste sich von der Halbachse. Da es Lotus nicht mehr möglich war, zeitgerecht neue Radnaben und Halbachsen für das 500-Meilen-Rennen zu besorgen, wurden die Wagen für Andretti, Hill und Rindt zurückgezogen. Eine mindestens 300.000 Dollar teure Operation fiel zusammen wie ein Kartenhaus. Andy Granatellis STP-Rennstall, der die Hauptlast der Kosten trug, begann mit Chapman zu prozessieren.
Chapman setzte 1969 in der Formel I all seine Hoffnungen auf den Wagen mit Vierradantrieb. Jedoch der Fortschritt auf dem Rennreifensektor machten den Vierradantrieb bei den damaligen PS-Leistungen überflüssig. Lotus konzentrierte das ganze Tun und Denken trotzdem nur auf den Typ 63 mit Vierradantrieb. Rindt weigerte sich aber, diesen Wagen zu fahren.
Der Typ 63 erinnerte ihn in seiner Konzeption viel zu sehr an den gescheiterten Indianapolis-Rennwagen: die innenliegenden Scheibenbremsen samt Radaufhängung wurden einfach übernommen. Durch diese technischen Parallelen war Jochen Rindt der Wagen von Anfang an unheimlich. Nicht einmal im Training probierte ihn Rindt, was Grund genug war, um das Verhältnis zwischen Chapman und ihm bis an den Rand eines offenen Krieges zu treiben.
In Clermont-Ferrand verschwieg man Rindt einen Lenkungsdefekt. Eine Stunde vor dem Start zum Rennen gestand man ihm: »Ja, wir

mußten einen neuen Teil in die Lenkung einschweißen!« Rindt war außer sich. Dick Scrammel, der zwischen Chapman und den Monteuren der technische Mittelsmann war, mußte sich damals von Rindt sagen lassen: »Gesetzt den Fall, die Lenkung bricht, und ich lebe noch, dann bringe ich euch alle um!«

In Silverstone war der Kulminationspunkt von Chapmans Starrsinn erreicht. Er wollte Hill oder Rindt sogar zwingen, den Wagen mit Vierradantrieb zu fahren, indem er einen der Lotus-49 an den Südafrikaner John Love verkaufte. Rindt gewann zwar die interne Kraftprobe gegen Chapman – er griff sich, wie bisher, seinen Lotus-49 –, das Rennen allerdings endete mit einer Niederlage.

Rindts Verhältnis zu einem so eigenwilligen Mann wie Chapman, den viele als Genie apostrophieren, konnte man mit zwei Funkern vergleichen, die keine gemeinsame Wellenlänge fanden. Erst später, etwa von Monza 1969 an, kamen sich die beiden menschlich etwas näher. Chapman zeigte sich glücklich, als Rindt in Oulton Park seinen geliebten Lotus mit Allradantrieb steuerte, in einem Formel-I-Rennen, das nicht zur WM zählte, und hinter Ickx auf Brabham sogar Zweiter wurde und dann alle Vorurteile gegen diesen Wagen ablegte. Rindt damals: »Der Wagen ist eine Wucht, im alten Lotus-49 allerdings hätte ich Ickx geschlagen ...«

In Watkins Glen 1969 feierte Rindt seinen längst verdienten ersten Grand-Prix-Sieg in der Formel I. Als die Konkurrenz den Vorsprung des Lotus-49 langsam, aber sicher aufzuholen begann, gab Colin Chapman seinem Konstrukteur Maurice Philippe grünes Licht für eine Neuentwicklung.

Lotus-72: der Wagen, der keinen Rost ansetzte ...

Philippe ist ein Mann, der bieder und blaß wie ein Buchhalter aussieht. Einer, dem man zwar das Addieren endloser Zahlenkolonnen, aber niemals die Konstruktion eines Rennwagens zutrauen würde. Mit den Entwürfen für den Typ 72 hatte er in der zweiten Novemberwoche des Jahres 1969 begonnen. Chapmans Arbeit beschränkte sich auf Grundsatzfragen. Immerhin: Chapman steckt die Grenzen ab, er skizziert, was ihm vorschwebt, und wenn er sich ein Detail einbildet, dann muß Philippe seinen Bleistift wohl oder übel auch in diese Richtung spitzen.

Die Vorteile des 72ers sollten in erster Linie wieder aus dem Chassis erarbeitet werden, wenn schon die Konkurrenz den gleichen Cosworth-Motor besaß. Mit der Verlegung des Wasserkühlers vom Bug an die Seiten des Cockpits hatte Philippe Rohrleitungen eingespart, den

Frontquerschnitt vermindert, die Gewichtsverteilung verbessert und durch Zurückversetzung des sogenannten Luftangriffspunktes dem Wagen auch eine gewisse Stabilität verliehen. Ferner: Der Fahrer wird im Cockpit nicht mehr so gegrillt. Sein Arbeitsplatz ist durch die seitlich liegenden Kühler komfortabler geworden, die Betriebstemperatur des Menschen im Cockpit liegt nicht mehr im »roten Bereich«. So wie früher, wo der Wasserkühler im Bug eine unangenehme Zentralheizung war. Der Schalenrahmen ist aus genietetem Alu-Blech. Links und rechts in den Rumpfschalungen sowie hinter dem Fahrersitz sind die Gummitanks eingeschlossen; Fassungsvermögen ca. 202 Liter. Viele Teile, so die Radnabenträger und Bremszangen, sind aus Magnesium. Bedingt durch eine neue Drehstabfederung, die parallel zur Fahrzeuglängsachse angeordnet ist, liegen nur noch die Querlenker, die Bremswellen (vorn) und die Antriebswellen (hinten) im Fahrtwind. An der Vorderachse ist der etwa 80 cm lange Drehstab über jeweils ein Gestänge am oberen Querlenker angeschlossen. Hinten liegt der Drehstab unterhalb der innenliegenden Scheibenbremse. Durch die schlechte Wärmeableitung zwischen Bremsscheibe und Bremswellenanschluß (sechs Bolzen) kam es bei Testfahrten in Jarama zu einem Ausreißen der linken vorderen Welle. Rindt erlebte eine gefährliche Situation, kam aber, ohne die Leitschienen zu touchieren, zum Stillstand. (Ich erinnere mich: Jackie Stewart traf an diesem Abend, ganz aufgeregt von der Rennstrecke kommend, in unserem Hotel ein und flüsterte: »Jochen hat jetzt unglaubliches Glück gehabt, eine Bremswelle ist abgerissen...«)
Mit neuen Stahlzwischenringen war das Hitzeproblem immer noch nicht beseitigt. Es fehlte der kühlende Fahrtwind für die im Wagenkörper verborgenen Bremsscheiben. Deshalb war ab Zandvoort ein elektrisches Gebläse stets griffbereit, das sofort, wenn ein Lotus-72 an die Box kam, über die Kühlschlitze der Bugschnauze gestülpt wurde. Mit 530 kg lag der Wagen bei seinem Debüt genau am geforderten Mindestgewicht. Das Produkt seiner Vorteile – Aerodynamik, Gewichtsverteilung, Straßenlage, Gewicht, optimaler Kraftschluß Reifen/Piste ließ sich in einem Wort ausdrücken: Speed – Geschwindigkeit.
Rindt gewann mit einem Lotus-72 in Holland, Frankreich, England und Deutschland. Jackie Stewart machte er unter vier Augen das Geständnis: »Der Lotus ist so optimal, daß ich ihn nie am Limit fahre.«
In Monza wurde der Lotus-72 sein Sarg. Das russische Roulett war zu Ende, posthum wurde der Deutsch-Österreicher zum Weltmeister erklärt. Was zuerst nur von einer Indizienkette untermauert schien, hat dann eine Untersuchung in Italien bestätigt: die rechte vordere Bremswelle brach beim Anbremsen der Südkurve (Parabolica).

Ein Lotus-72 war bei Rob Walker in privater Hand, Graham Hill fuhr den Wagen. Nach Rindts Todessturz in Monza verlangte Colin Chapman von Walker und Hill eine schriftliche Erklärung, etwa in dem Sinne: »Wir bestätigen hiermit, daß wir das Lotus-Werk für etwaige technische Defekte und die daraus entstehenden Folgen in keiner Weise zur Verantwortung ziehen...« Rob Walker war entschlossen, diese Erklärung abzugeben. Hill aber weigerte sich. Für das nächste Rennen ließ Rob Walker bei Vickers Armstrong neue Bremswellen fertigen, die dann innen nicht mehr hohl waren – wie die von Lotus in Monza.

Bei Lotus hat man für den Rindt-Unfall eine andere Theorie. Man zweifelt das Gutachten der italienischen Metallurgen an – die Wrackteile des Chassis blieben in Italien. Daß die Bremswelle gerissen ist, das will man gar nicht bestreiten, doch für Lotus riß sie durch den Anprall und nicht schon vorher. Daß der Wagen beim Anbremsen der Parabolica entgleiste, führen die technischen Chefideologen Chapman und Philippe vielmehr auf ein Zusammenwirken verschiedener, widriger Umstände zurück. Rindt ließ den Heckflügel abmontieren, um die dadurch zu gewinnende Drehzahl mit Hilfe eines längeren fünften Gangs in eine höhere Endgeschwindigkeit umzusetzen. Ohne Flügel hatte der Wagen aber hinten zuwenig Bodendruck. Überdies wäre die Bremskraftverteilung dieser Tatsache nicht angepaßt worden. Später hätte man bei Testfahrten, die Fittipaldi und Reine Wisell mit einem Lotus-72 ohne Heckflügel durchführten, eine erschreckende Instabilität festgestellt. Um die Lotus-Theorie auf einen Nenner zu bringen: Rindt müsse ein derart instabiler Wagen beim Anbremsen aus 290 km/h außer Kontrolle geraten sein.

Der Lotus-72 sicherte 1972 Emerson Fittipaldi den Weltmeistertitel, und selbst in der Saison 1973 war der Wagen noch so »rostfrei«, so konkurrenzfähig, mit einem Wort so präsent, daß Ronnie Peterson vier Grand Prix gewinnen konnte, gleich neunmal die Pole-position errang und in der WM Dritter wurde, während Fittipaldi mit drei Siegen hinter Stewart im Endklassement noch Platz zwei belegte.

Der Preis, den Lotus für dieses jahrelange Abonnement auf Siege zahlen mußte, hieß Jochen Rindt. Eine Testpuppe hatte ihre Schuldigkeit getan...

Nach dieser Hinrichtung eines Champions drohte das Schafott noch öfters herabzusausen, aber die Fahrer hatten eben mehr Glück als Rindt. Da und dort brach zwar die Radaufhängung, und der Nimbus vom »russischen Roulett« gerät so schnell nicht in Vergessenheit. Tatsache ist: Der Lotus-72 reifte zu einem Rennwagen heran, auf den die Konkurrenz nicht mehr mit dem Finger zu zeigen braucht, wenn von »unsafe« die Rede ist.

Fittipaldis Unfall, 1973 im Abschlußtraining zum holländischen Grand Prix, wies Parallelen mit Rindts fatalem Monza-Sturz auf. Bei Fittipaldi brach die linke Vorderradfelge, bei Rindt die rechte vordere Bremswelle. Beide Lotus wurden demnach steuerlos. Fittipaldi schoß in Zandvoort ungefähr im gleichen Winkel gegen die Leitschienen wie Rindt in Monza: 40 Grad etwa. Fittipaldi: »Ich erwartete einen Überschlag.«
Sein Lotus prallte mit 200 km/h gegen die Leitschienen. Rindts Anprall dürfte sich im gleichen Geschwindigkeitsbereich abgespielt haben. Rindts Lotos jedoch bohrte sich mit der messerdünnen Schnauze unter die zu hoch gesetzte Leitschiene, Fittipaldis Lotus dagegen schleifte das linke Vorderrad als Prellbock bis zum Anprall mit.
Fittipaldi, dem viele Schutzengel beistanden, besaß auch das perfektere Gurtensystem. Er trug um die Oberschenkel Beingurte, die Rindt nicht hatte, deswegen rutschte auch sein Körper beim Anprall so tief in das Cockpit. Für das, was in Zandvoort passierte, sollte man Lotus ausnahmsweise nicht geißeln. Die Magnesiumfelge, die brach, stammt von einer anderen Firma. Eine Tatsache ist, daß auch bei anderen Formel-I-Wagen mehrmals Felgen dieser Firma in Stücke gingen.
Einige Aspekte sollten nicht übersehen werden. Die Fahrer selbst begehen an ihren Wagen ständig versteckte Fouls. In Zandvoort beispielsweise trampeln sie immer wieder auf den Randsteinen in den Kurven herum, meist völlig sinnlos. Ferner: Die Bodenhaftung der Reifen wird dauernd besser, womit das ganze Chassis immer härtere Belastungen verdauen muß. Dadurch werden immer neue schwache Stellen bloßgelegt. Fittipaldis Felge brach nach einer Kuppe.
Und noch etwas. Als ihm die Felge brach, ging alles so unheimlich schnell, daß Fittipaldi mit dem rechten Fuß nicht einmal mehr Zeit fand, vom Gaspedal auf das Bremspedal überzuwechseln.
»Wenn in einem Formel I etwas schiefläuft, dann ist der Fahrer kein Pilot, sondern nur noch ein Passagier«, beschreibt der Deutsche Jochen Mass die Ohnmacht, die den Fahrer überfällt, wenn die Haftgrenze einmal unbeabsichtigt überschritten ist.
Als Grenzgänger steht Colin Chapman seinen Starpiloten um nichts nach. Bei aller Genialität: Chapman bleibt immer ein Mann, der mit sechs Personen in einen Aufzug einsteigt, der nur für drei zugelassen ist.

 Das Spiel auf einer Saite — oder: Die Euphorie eines Augenblicks

Als 1911 das erste 500-Meilen-Rennen von Indianapolis auf der mit Ziegelsteinen gepflasterten Rechteckbahn ablief, ging es nicht nur um Geld – es standen immerhin 27.550 Dollar an Preisgeldern auf dem Spiel. Es ging nicht nur darum, eine Wettfahrt zu organisieren, Menschen in einen Geschwindigkeitsrausch zu versetzen, es ging nicht allein um die Show. Vielmehr sollte dem in seinen ersten Kinderschuhen steckenden Automobil eine Art Gehschule eingerichtet werden; denn: Was in diesem Rennbahngeviert, unter Wettbewerbsdruck, seine Kinderkrankheiten ablegte, versprach draußen im Alltag auf der Straße noch viel schneller flügge zu werden.
Nichts könnte aber besser die Extreme symbolisieren, die seit jeher in Indianapolis herrschen, als jene über die Bahn kriechende Schildkröte, deretwegen einmal sogar ein Training unterbrochen werden mußte. Und genauso, wie die Schnellsten der Welt damals diesem Sinnbild der langsamsten Fortbewegung ihre Reverenz zollen mußten, genauso hat auch der Pioniergeist eines Tages resigniert. Eine technische Inzucht machte sich auf Jahrzehnte hin breit. Wachgerüttelt wurden die Amerikaner erst 1961 – durch Jack Brabham.

1909 fuhr man auf einem Belag aus gewalztem Schotter. Gleich bei einem der ersten Rennen kam es zum schweren Unfall. Ein Fahrer, zwei Mechaniker-Beifahrer und zwei Zuschauer erlitten dabei tödliche Verletzungen. Daraufhin wurde das Rennen abgebrochen. Man gab dem Belag die Hauptschuld. Deshalb beschloß man, die Rennbahn mit rund 3 Millionen Ziegelsteinen zu pflastern. Erst im Jahre 1935 hat man die 2,5-Meilen-Piste, die Zielgerade ausgenommen, asphaltiert. Bis 1961 raste man noch über die Ziegelsteingerade, die erst dann einem Asphaltbelag weichen mußte.
Schon 1909 erreichte man auf der Geraden 178 km/h Spitze. 1911 stellten sich 40 Rennwagen zum fliegenden Start für das erste 500-Meilen-Rennen. Der Sieger Ray Harroun drehte 200 Runden mit

Links: der Größten einer, Wilbur Shaw, gewann dreimal das Indy-500 (Archiv Helmut Zwickl)

Rechts: A. J. Foyt in einem Indy-Roadster, mit Starrachse und Frontmotor (Archiv Helmut Zwickl)

einem Schnitt von beachtlichen 119 km/h. Man fuhr mit einem Beifahrer am Nebensitz, nur Harroun war solo ins Rennen gegangen. Er hatte sich etwas montiert, was den Beifahrer überflüssig machte: einen Rückspiegel. Denn die Beifahrer waren damals in erster Linie Beobachter für das Renngeschehen hinter ihrem Wagen.
1961 sah man Ray Harroun, inzwischen 82 Jahre alt geworden, rüstig und wohlgelaunt am Steuer seines Siegerwagens von 1912 in Indy eine Ehrenrunde drehen. Der 7,6-Liter-Sechszylinder seines selbstkonstruierten Marmon-Wasp keifte frech, als wären 50 Jahre Museumsdasein spurlos vorübergegangen. Ray Harroun erinnerte sich gerne seiner damaligen Strategie: »Ich hatte den besten Wagen, auf der Geraden wollte ich aufdrehen, in den Kurven aber nichts riskieren. So konnte ich die Reifen schonen und die Zahl meiner Boxenhalte reduzieren.«
Nach seinem Sieg von 1912 hatte er sich zurückgezogen, eine kleine Autofabrik etabliert, die im Ersten Weltkrieg aber Pleite machte. Harroun war ein cleverer Techniker, zeitlebens hatte er einige Patente laufen. Unter anderen profitierte er von einem Bombentransporter, der noch im Vietnam-Krieg im Einsatz stand.
1913 duellierte sich Amerika mit Europa. Jules Goux, der Franzose, führte einen blau-weißen Peugeot-Vierzylinder zum Sieg. Er war sich seiner Überlegenheit wohl bewußt – hätte er es sonst gewagt, während des ersten Boxenstopps ein Glas Champagner auszutrinken?
Ein Jahr später lagen sogar vier Franzosen in Front: René Thomas siegte auf einem Delage vor Arthur Duray, Albert Guyot, Jules Goux. 1915 siegte der gebürtige Italiener Ralph de Palma, obwohl sein Mer-

cedes sieben Meilen vor Schluß heißlief. Das ganze Öl verflüchtigte sich durch ein Loch in der Ölwanne. Den vorläufig letzten europäischen Triumph kostete 1916 der Italiener Dario Resta auf Peugeot aus. Der schnellste in den Qualifikationsrennen fuhr bereits 155 km/h Schnitt. Das 500-Meilen-Rennen war auf 300 Meilen verkürzt worden, denn in Europa herrschte Krieg.
Als sich Ralph de Palma nach 27jähriger Rennkarriere 1934 zurückzog, ging er mit einem Rekord in Pension, der in Indianapolis bis heute ungebrochen ist: er lag während seiner 500-Meilen-Rennen insgesamt 613 Runden in Führung. Gewonnen aber hat er nur ein einziges Mal.
Brechende Räder, verriebene Motoren, reißende Lenkstangen, explodierende Tanks, Kollisionen, Überschläge, Reifendefekte waren in Indianapolis an der Tagesordnung. Das Tempo der tonnenschweren Monster forderte einen hohen Blutzoll.
Tommy Milton war 1923 der erste Fahrer, der die 500 Meilen zweimal gewinnen konnte. Das erste Mal siegte Milton 1921 in einem Frontenac-Achtzylinder, 1923 führte er einen H.C.S. Special mit Miller-Motor zum Erfolg. Peter de Paolo, ein Neffe von Ralph de Palma, brach 1925 als erster durch die magische 100-Meilen-Mauer: er jagte seinen Duesenberg mit 101,13 Meilen pro Stunde (162,21 km/h) über die 500-Meilen-Distanz. Vor einigen Jahren erklärte de Paolo (Jahrgang 1898) anläßlich eines 500-Meilen-Rennens, dem er als Zuschauer beiwohnte: »In diesem Jahr 1925 war ich so etwas wie Mario Andretti heute. Vollgepackt mit Energie und ausgezeichneten Reflexen. Mein Wagen war Spitze, und eine innere Stimme sagte mir: Go!«

Der »verrückte Russe«

Vier Fahrer gewannen das 500-Meilen-Rennen jeweils zweimal: Tommy Milton (1921, 1923), Bill Vukovich (1953, 1954), Roger Ward (1959, 1962) und Al Unser (1970, 1971). Die herausragende Persönlichkeit dieser vier ist zweifellos Bill Vukovich gewesen.

Man nannte ihn den »verrückten Russen«, weil er russischer Abstammung war. Ein Farmer, der alles im Leben hart anpackte, der alle Probleme kompromißlos zu lösen bereit war. Ein etwas derber Mann, der schwer zugänglich war, der sich nur wenige Freunde machte. Rennen hatten für ihn nichts Romantisches, ein Wagen

1967 streikte in dem 60.000 Dollar teuren Turbinen-Rennwagen von Parnelli Jones ein 6 Dollar teures Lager *(Archiv Firestone)*

war für ihn nichts anderes als das Mittel zum Zweck. Rennen waren für ihn bares Geld, der Lohn für seinen Ausbruch aus einem eintönigen Farmerleben.

1950 strich er erstmals durch die Garagen in Indy, 1951 qualifizierte er sich für den 20. Startplatz, im Rennen schied er bereits nach 29 Runden aus, wurde aber noch auf Rang 29 klassiert. 1953 gewann Bill Vukovich das heißeste 500-Meilen-Rennen der Geschichte. 34 Grad im Schatten, bei einer Bodentemperatur von 54 Grad. Die Ziegelsteine glühten wie Lavabrocken. Der Fahrer Carl Scarborough erlitt einen Hitzschlag – er starb im Spitalszelt.

Bis auf jene fünf Runden, in denen er an den Boxen tankte, lag Vukovich stets in Front. Pat Flaherty brach am Steuer zusammen und krachte gegen die Begrenzungsmauer. Nur Vukovich schien die Jagd auf glühenden Kohlen nichts auszumachen. Im Ziel tat er verwundert: »Alle reden von einer Hitzeschlacht, ja glaubt ihr denn wirklich, daß es heute heiß war? Ihr müßt einmal in Fresno auf meiner Farm im Juli einen ganzen Tag lang mit dem Traktor fahren. Dann wißt ihr, was Hitze bedeutet...«
1954 gewann er, vom 19. Startplatz ins Rennen gehend, zum zweitenmal. Wieder saß er in seinem »Fuel Injection Special«, der von einem 4,5-Liter-Offenhauser-Vierzylinder getrieben wurde. 1955 stieg sein

Mario Andretti gewann die 500 Meilen 1969 auf einem Hawke mit Ford-Motor, nachdem er im Training mit einem Lotus einen bösen Unfall hatte (Archiv Firestone)

Sponsor, der Ölmagnat Howard Keck, vom Rennsport aus. Bill Vukovich trug sich dem Bankier und Amateurzauberer Lindsey Hopkins an, dessen Wagen seit 1951 in Indy starteten. Hopkins entließ seinen Vertragsfahrer Pat O'Connor und engagierte Vukovich.
Der »verrückte Russe« schien seinem dritten Sieg entgegenzufahren. In der 57. Runde aber brach an Roger Wards Rennwagen die Vorderachse, vier Wagen begannen auf der Gegengeraden herumzutollen. »Vuky« wollte dem Schlamassel ausweichen und flog dabei mit dem Hopkins-Special über die Begrenzungsmauer. Er war sofort tot. Roger Ward erinnert sich heute noch: »Nach diesem Unfall wollte

ich den Rennsport aufgeben. Freunde überredeten mich. So strich ich alles aus meinem Leben und wurde ein echter Profi.« Ward gewann 1959 und 1962. Als er merkte, daß er langsamer wurde, zog er sich als vermögender Mann ins Privatleben zurück.

Bill Vukovich hat einen Sohn hinterlassen (Jahrgang 1944), der längst in die Fußstapfen seines berühmten Vaters getreten ist. Bill Vukovich jun. begann im Alter von 19 Jahren Rennen zu fahren. Zweifellos ist er ein Talent, sonst wäre es ihm nie gelungen, einen Mann wie J. C. Agajanian für sich zu begeistern. Der in Kalifornien lebende Millionär armenischer Herkunft, der durch Schweinespeck ein Vermögen erwarb, nebenbei Fahrer wie Dick Atkins, Johnnie Parson, Troy Ruttman, Parnelli Jones entdeckte, förderte und groß machte, dieser einflußreiche Agajanian nahm Vukovich 1967 unter Vertrag. 1968 fuhr Vukovich jun. erstmals in Indianapolis. Was dem Senior allerdings gelang, dürfte dem Junior verwehrt bleiben: ein Zweifachsieg in Indy.

Mechaniker, Landstreicher, Spielernaturen

Da sind die Unsers. Eine Rennfahrerdynastie aus Albuquerque in New Mexico. Bobby (Jahrgang 1934) und Al (Jahrgang 1939) sind heute die letzten Aktiven, zugleich zählen sie zu Amerikas Top-Stars. Vater Unser, die Brüder Jerry und Louis, zwei Onkel der Familie – alle sind sie Rennen gefahren. Jerry tauchte erstmals 1958 in Indianapolis auf, konnte sich aber mit keinem seiner zwei Rennwagen qualifizieren.

Das Offenhauser Kraftwerk: 30.000 Dollar teuer, für die Qualifikationsrennen bis zu 900 PS stark, ein schlichter Vierzylinder mit Auspuffkompressor (Foto Gero Hoschek)

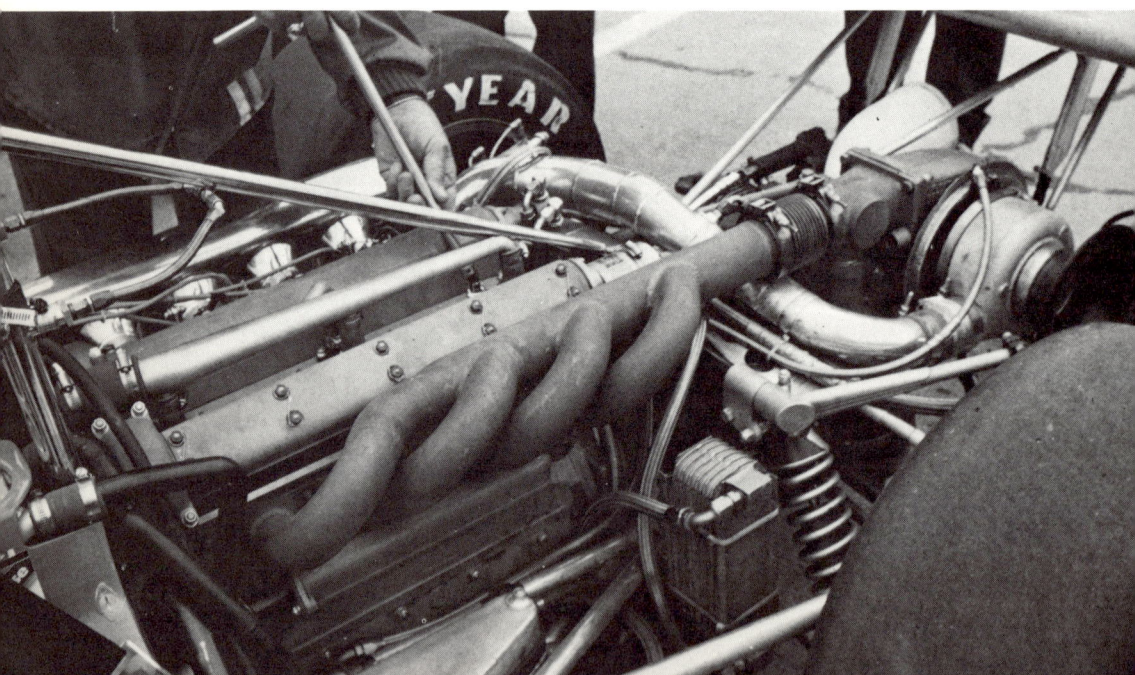

Erst mit einem dritten gelang ihm der Sprung in das 33-Wagen-Feld. Ein Jahr später war er tot: auf der Zielgeraden der Speedway-Arena fing sein Wagen Feuer, Jerry starb an den schweren Verletzungen. Seit einem Rennunfall ist Louis Unser gelähmt, nur Bobby und Al galten als unverwundbar, obwohl ihr Weg nach oben mitten durch eine Hölle führte.

Bobby – der wie ein biederer Bankangestellter aussieht, dem man bestenfalls noch die Rolle eines Jazztrompeters zutrauen, aber niemals jenen hartgesottenen Indy-Piloten ansehen würde, der er nun mal ist –, Bobby also qualifizierte sich in Indianapolis 1963 für den 16. Startplatz. In der 3. Runde beförderte er seinen Rennwagen, der den klingenden Namen »Hotel Tropicana« besaß, von der Piste. In der Feuerkatastrophe von 1964, in der Dave McDonald und Eddie Sachs ums Leben kamen, blieb Bobby Unser auf wundersame Weise ungeschoren. Dreher im 280-km/h-Tempo, ein davonlaufendes Vorderrad und noch einige Wracks konnten Al Unsers Aufstieg in keiner Weise bremsen. 1970 und 1971 hieß der Indy-Sieger Al Unser. 1970 ließ er sich nicht nur einen 271.700-Dollar-Scheck aushändigen, sondern empfing extra noch eine 30.000-Dollar-Prämie von seinem Sponsor Topper.

Bei den Rennen wird man in engster Umgebung der Unser Brothers stets eine vornehm gekleidete, mit Schmuck behangene Dame treffen, die man leicht für eine Apachen-Squaw halten würde, weil zehntausend Falten in einem ledergegerbten Gesicht ihr ganz eindeutig indianische Züge geben. Diese Dame ist die Mutter von Bobby und Al.

Vier Fahrern gelang es, das 500-Meilen-Rennen während ihrer Laufbahn gleich dreimal zu gewinnen. Lou Meyer (1928, 1933, 1936), Wilbur Shaw (1937, 1939, 1940), Mauri Rose (1941, 1947, 1948) und A. J. Foyt (1961, 1964, 1967).

Wer sich in Indy an den Spieltisch setzte, um in ein paar Stunden Millionär zu werden, wurde nie nach seiner Herkunft befragt. Bettelarme Mechaniker, Landstreicher, Spielernaturen, draufgängerisch wie Revolverhelden, verbissen wie Goldsucher, erpicht darauf, Geld zu verdienen und Karriere zu machen – das waren die Jungs, die den immer schneller und stärker werdenden Ungetümen die Sporen gaben. Sie fürchteten nicht Tod und Teufel. Nur im Cockpit waren sie Götter, und das ganze Land blickte zu ihnen auf. Parallel zu ihrem Aufstieg als Rennfahrer vollzog sich auch ein sozialer Höhenflug.

Nehmen wir Wilbur Shaw, der einer der Größten war, die jemals in Indy Vollgas gaben. Ganz Amerika himmelte ihn an, den Mann mit dem eleganten Bärtchen, das ihm eine so starke Ähnlichkeit mit Clark Gable verlieh.

Als der Erste Weltkrieg ausbrach, war er fünfzehn, und in der Stutz-Autofabrik war er als Batteriemonteur tätig. Später ging er nach Detroit, wo er wieder mit Batterien zu tun hatte, nachher verdingte er sich als Rennmonteur. Im zweiten Stock eines Gebäudes schraubte er einen Eigenbau-Rennwagen zusammen. Sein Renndebüt war eine Farce. Die Rennleitung disqualifizierte ihn, weil sein Auto einen äußerst fragilen Eindruck erweckte. So, als wäre es mit Nadel und Zwirn zusammengenäht worden. Jener Funktionär, der Wilbur Shaw beim ersten Rennen von der Bahn flaggte, gab ihm später einen Rennwagen in die Hand, mit dem er 1924 eine Meisterschaft gewann. Sein Indy-Debüt feierte er 1927, in einem Miller-Rennwagen, in dem drei Jahre vorher Jimmy Murphy tödlich verunglückt war – was Wilbur Shaw nicht sonderlich beunruhigte. Sein Monteur war Lou Meyer. Jener Mann, der in der Folge dreimal die 500 Meilen gewinnen sollte, bevor Wilbur das erstemal zum Zug kam.
Shaw wurde 1927 immerhin Vierter. 1928 hatte er Motorschaden, 1929 starb seine Frau. 1930 wollte er in Daytona den absoluten Geschwindigkeitsweltrekord an sich reißen, den Henry Segrave auf 370 km/h getrieben hatte. Shaw aber drohte ein Lizenzentzug, falls er auf dem Sandstrand in Florida auf Rekordjagd gehen würde. So zog er sich zurück. Jim White, der Besitzer des Triplex-Rekordwagens, sicher der monumentalste Eisenhaufen, der je über den Strand lief, fand im letzten Moment noch einen Menschen, der es wagte, im Cockpit unterzutauchen. Drei Motoren eines Bombers trieben das Gefährt. Der Mann, der an Wilbur Shaws Stelle das Lenkrad hielt, hieß Lee Bible. Nach einigen Probeläufen machte sich das Ungetüm selbständig, flog durch die Luft, überschlug sich und zerschellte in den Dünen. Wilbur Shaw bekam eine Gänsehaut, als er davon hörte. Ein Kelch war an ihm vorübergegangen...
Die Gewinne, die sein Charterflug-Unternehmen in Kalifornien abzuwerfen begann, legte er zum Teil in einem eigenen Rennstall an. Erstmals war er nun auf der Rennbahn sein eigener Herr, allein für die Gewinn-und-Verlust-Rechnung verantwortlich. Was immer er seit einiger Zeit anpackte, wurde zu Gold. Nach sieben vergeblichen Anläufen gewann er 1937 endlich das 500-Meilen-Rennen. 50.000 Dollar und ein Rekordschnitt von 182 km/h krönten diesen Tag »zum glücklichsten« seines Lebens, wie er den Reportern versicherte.
1939 saß Wilbur Shaw in einem Maserati-Achtzylinder-Grand-Prix-Wagen, den er für die Linksherumpiste entsprechend modifiziert hatte. Lou Meyer war nahe daran, das Rennen zum vierten Male zu gewinnen. Sein Nahkampf mit Wilbur Shaw war ein mit vollstem Einsatz geführtes Duell, in dem ständig die Positionen wechselten. Als Meyer

in der Südostkurve von der Ideallinie abkam, kam sein langnasiger Rennwagen ins Schleudern und mähte den die Innenbahn begrenzenden Holzzaun nieder. Meyer wurde wie eine Stoffpuppe aus dem Cockpit geschleudert. Halb ohnmächtig mußte er mit ansehen, wie der Maserati dem Sieg entgegenorgelte. Nach diesem Unfall zog Lou Meyer einen Schlußstrich. Er nahm den Helm ab und begann eine Karriere, die ihm lange schon vorgeschwebt war: als Motoren-Tuner konnte er sich speziell für Indy-Rennautos unentbehrlich machen.
Im Jahr darauf holte sich Wilbur Shaw seinen dritten Sieg. Er stand auf der höchsten Sprosse, die ein Rennfahrer in den USA erreichen konnte. Er war populär wie kaum ein Fahrer je zuvor, als der Zweite Weltkrieg auch Amerika erfaßte.
Nach dem Krieg holte ihn Tony Hulman, der Besitzer der Indianapolis-Arena, und ernannte ihn zum Generalmanager. Die Rennbahn erlebte mit dem 500-Meilen-Rennen einen ungeahnten Aufschwung, denn Shaw war ein perfekter Manager. Als er im Oktober 1954 mit seinem Privatflugzeug tödlich verunglückte, war er längst schon ein legendärer Mann.
Bis zum Jahre 1966 konnte man rechnerisch nachweisen, daß der zweimalige Indy-Sieger Roger Ward der bestverdienende aller Autorennfahrer gewesen ist. Nach und nach wurde er von einem Mann überflügelt, den man im Rennjargon »A.J.« (»edschi«) nennt, der mit vollem bürgerlichem Namen Anthony Joseph Foyt heißt. Wer so hart fuhr wie Foyt, so ehrgeizig war, einen derart ausgeprägten Siegeswillen besaß, noch dazu mit seiner Umwelt gerne Streit anzettelte und à la longue von einem Sieg zum anderen jagte, der gerät langsam in den Ruf, daß ihn der Teufel treibe.
Foyt ist Jahrgang 1935, er stammt aus Houston in Texas. Mit drei Jahren bewegte er ein Tretauto, mit vier ein Elektroauto, mit fünf besaß er eines mit echtem Benzinmotor. Mit 18 fuhr er ein Stock-Car-Rennen, mit 23 – das war 1958 – startete er als jüngster Pilot in Indianapolis. Er wurde Sechzehnter und war nachher froh, überhaupt noch zu leben.
Zuviel war in diesem Rennen passiert. Zuerst eine Massenkollision, in deren Strudel 15 Rennwagen zu Fall kamen. Foyt konnte sich durch das Schlachtfeld der brennenden Wagen gerade noch durchlavieren, der Himmel regnete Wrackteile, A.J. aber blieb von allem verschont. Acht Totalschaden und ein Toter – Pat O'Connor – blieben übrig, als sich aller Qualm und Rauch verzogen hatte. Foyt war in der 143. Runde auf eine Ölspur geraten – in Indy ist man vor nichts sicher –, und als sein Rennwagen sich mit über 200 km/h zu drehen begann, mußte der Wunderknabe um sein Leben kämpfen. Auch

113

Mark Donohue: »In diesem Augenblick wußte ich: Das ist der Höhepunkt deines Lebens.«

diesmal wurde ihm kein Haar gekrümmt. Er schien wirklich mit dem Teufel im Bunde.
1959 wurde der Texaner schon Zehnter, 1960 kürte man ihn zum amerikanischen Champion, 1961 diktierte er bereits das Tempo, als er mit Eddie Sachs um den Sieg würfelte. Da kam ein unvorhergesehener Stopp, das Benzinsystem stockte, das Rennen schien verloren. Plötzlich mußte Eddie Sachs knapp vor Schluß einen Reifen wechseln. Foyt blieb in Fahrt und gewann.

Das Ende der technischen Inzucht

Foyt schöpfte den Rahm ab an Publicity und Geld, dennoch war es einem Fahrer gelungen, dem Giganten der Nudeltopf-Arena die Show zu stehlen: Jack Brabham.

Er saß in einem Cooper, der als einziger Rennwagen von einem Heckmotor angetrieben war. Unter den 32 Offenhausern der einzige Climax-Motor. Brabham war untermotorisiert: mit dem 2,8-Liter-Climax-Vierzylinder mußte er den 4,2-Liter-Offys nicht nur ein gewaltiges Drehmoment, sondern auch gute 150 PS vorgeben. Und dennoch löste Jack Brabham in Indy die große Revolution aus.

Trotz steigender Geschwindigkeiten regierte eine seltsame technische Inzucht, was die Rennwagen für diese Bahn betraf. Heckmotor, Leichtbau und unabhängige Radaufhängungen hatten sich in den europäischen Formel-I-Rennen mehr oder weniger durchgesetzt. In Indy allerdings arbeitete man mit Scheuklappen. Brabhams Cooper – und das war die Sensation dieses Rennens von 1961 – jagte wesentlich schneller durch jede der vier Kurven als die amerikanischen Frontmotorboliden mit ihren bremsenlosen Starrachsen. Jack Brabham war überrascht: »Wenn ich zusammen mit anderen Autos in die Kurven ging, so hielten mich die nur auf. Es war einfach ärgerlich, denn auf den Geraden zogen sie mir wieder spielend davon.«

Hätte Brabham mit dem Cooper die Yankees nicht in der Außenkruve überholen können? Brabham hat es natürlich versucht, immer wieder, aber: »Die Offenhauser-Wagen gehen alle auf demselben Strich durch die Kurven, ausgangs lassen sie sich bis zur Begrenzungsmauer raustragen, es war einfach nicht möglich, sie in den Kurven zu über-

Im »Spiel auf einer Saite« – wie das Fahren in Indy genannt wird – sind die Amerikaner wahre Virtuosen (Fotos Gero Hoschek)

holen, weil sie sowohl auf den beiden kurzen als auch auf den langen Geraden in der Beschleunigung einfach schneller waren.«
Die Zielgerade war noch mit den alten Ziegelsteinen gepflastert. Jack Brabham beobachtete: »Wie unruhig die Wagen dort mit 260 herumtollten, sie holperten mit ihren steifen Chassis mehr in der Luft als auf dem Boden herum. Sie würden endlich einmal eine gute abgestimmte Radaufhängung brauchen.«
Brabham deckte noch eine weitere Schwäche der Bahnrennwagen auf: »Sie sind für das Linksherumfahren gebaut. Man verschiebt möglichst viel Wagengewicht auf die linke Seite. Fazit: Jedes Ausweichmanöver nach rechts läßt den linkslastigen Wagen sofort in eine Drehbewegung übergehen. Die fürchterlichen Dreher und Karambolagen kommen nicht von ungefähr!«
1962 sah man Dan Gurney mit einem Heckmotorwagen am Start. 1963 liefen bereits vier Heckmotorautos, die Jim Clark, Dan Gurney, Al Miller und Duana Carter pilotierten. Die unhandlichen, steifen Frontmotor-Roadster, metallene Schwergewichtler, ließen sich von der neuen Brut allerdings noch immer nicht zum alten Eisen verbannen. Parnelli Jones führte mit 229 km/h Schnitt seinen Agajanian-Special zum Sieg. Jim Clark auf Lotus-Ford wurde zweiter.
1964 standen den 21 Frontmotorrennern bereits zwölf Heckmotorwagen gegenüber. Jim Clark fuhr mit dem Lotus-Ford nicht nur den modernsten, sondern, wie seine Pole-position untermauerte, auch den schnellsten Rennwagen. In der 47. Runde wurde Clark von einer »verdammten Vibration« im Heck erschreckt. Der linke hintere Dunlop-Reifen ging in Fetzen, die Gummi- und Leinwandstränge zerhämmerten die Radaufhängung. Mit einem Schlag fehlte Clarks Geschoß ein Rad. Bis es zum Stillstand kam, verging eine bange Ewigkeit. A. J. Foyt sorgte für den letzten Sieg eines Frontmotorwagens. Die Zeit der Roadster, in denen der Fahrer aufrecht wie in einem Sessel saß und das große Lenkrad so flach wie in einem Traktor montiert war, diese Epoche des stockenden Fortschrittes war ein für allemal vorbei. Von nun an triumphierten die leichten, flachen, grazil aussehenden Heckmotor-Torpedos, für die Parnelli Jones einen Namen fand, der ihnen bis auf weiteres blieb: »funny cars«, auf deutsch: »komische Wagen«.

Tödliche Langweile . . .

Ein Experte hat einst den Indianapolis-Rennfahrer mit einem Musiker verglichen, der ein Instrument spielt – zugegeben virtuos spielt –, das aber nur eine einzige Saite hat.

Die beiden Geraden sind 1006 Meter lang, jede der vier Kurven weist eine Überhöhung von 16 Grad auf, ihre Länge wird mit einer Viertelmeile (402 Meter) beziffert, doch sind sie im Radius alle verschieden und erlauben deshalb unterschiedliche Geschwindigkeiten. Die kurzen Geraden an der Breitseite des Indy-Rechteckes sind rund 200 Meter lang.
Früher wurden die Kurven gar nicht angebremst, sondern das Tempo einfach durch Gaswegnehmen reduziert – deshalb hat man sich jahrzehntelang über wirkungsvolle Bremsen gar nicht den Kopf zerbrochen. Inzwischen fährt man bereits Rundenschnitte jenseits von 315 km/h, man huscht mit 370 über die Geraden und pfeilt mit 280 durch die Kurven. Die Offenhauser-Triebwerke sind noch immer nicht eingesargt. Mit einem Auspuffkompressor hat man ihre Leistung 1973 auf nicht weniger als 900 PS gesteigert – sie kosteten auch 30.000 Dollar das Stück. Und dabei galten die Maßstäbe, die Lotus im Jahre 1965 setzte, schon als unüberbietbar.
Jim Clark wurde öfters gefragt, ob er nur des Geldes wegen nach Indy gegangen sei. Seine Antwort war immer ausweichend: »Ich wußte eines: Lotus wäre auch ohne mich in Indy gefahren...«
Im Herbst 1964 lief bei Lotus ein neues Indy-Projekt an. Im März 1965 standen in Cheshunt zwei Typ-38-Rennwagen auf Rädern. Der Chef der Amerika-Expedition hieß David Lazenby. Der Ford-Motor von 4,2 Liter Hubraum leistete mit vier obenliegenden Nockenwellen bereits 570 PS. Nicht allein Lotus, Ford wollte in erster Linie mit einem Sieg sein Image aufmöbeln. Chapman zog seine Lehren aus den beiden letzten Starts. Er angagierte die artistisch gedrillte Boxen-Crew von Glen Wood.
Im Rennen parkte Clark in zwei Stopps nur 44,5 Sekunden an der Box. In 20 Sekunden schütteten ihm die Wood Brothers 207 Liter Treibstoff in die Tanks. A. J. Foyt stand gleich bei seinem ersten Halt 44 Sekunden an der Box. Als Clark mit einer Runde Vorsprung führte, etwas drosselte, aber immer noch 240-km/h-Runden abspulte, fühlte sich der Schotte in dieser kampflosen Phase des Rennens gelangweilt. »Ich mußte mich dauernd zur vollen Konzentration ermahnen, der Rhythmus des Links-herum-im-Kreise-Fahrens war von einer tödlichen Langweile. Tödlich deshalb, weil die geringste Unachtsamkeit verheerende Folgen haben kann.«
Wie schnell ein Sieger die 200 Runden hinter sich bringt, hängt nicht zuletzt von den Geschehnissen auf der Bahn ab. Brennt wegen einer Ölspur oder wegen eines Unfalls das gelbe Warnlicht in den Ampeln, darf nicht mehr überholt werden. Der Schnitt wird gedrückt. 1972 gewann Mark Donohue mit 262 km/h Schnitt. Die Reifen und aero-

dynamischen Hilfsmittel waren es, die das Tempo in den Jahren 1968 bis 1973 in einem Maße steigerten, daß den Verantwortlichen angst und bange wurde. Man hat einen Teufel aus der Flasche gelassen, der nur noch schwer zu bannen ist. Natürlich könnte man einwenden, daß es doch völlig egal sei, ob man in Indianapolis 270 oder 320 km/h Schnitt fährt. Doch die Verantwortlichen überlegen sich allen Ernstes, inwieweit es dem Publikum gegenüber vertretbar ist, Rennwagen durch eine neue Formel rückzufrisieren. Indy ist nun einmal das Rennen immer neuer Rekorde. Die Rekordjagd zu stoppen ist für sie ebenso beunruhigend wie das andere Extrem: Narrenfreiheit für die Konstrukteure.
Als es einst darum ging, die Revolution der Turbinenrennwagen abzuwürgen, war eine politische Lösung viel schneller gefunden.

Die flüsternde Revolution

Parnelli Jones gilt als eine der legendären Indy-Figuren. 1952 begann er in Los Angeles mit dem Rennsport. 1961 und 1962 war er Sprint-Car-Champion (auf den kleinen übermotorisierten Rennautos, mit denen auch auf Sandbahnen gefahren wird). 1964 wurde er Stock-Car-Champion. In Indianapolis rühmt er sich zweier einzigartiger Rekorde. Seit 1961 legte er in sieben 500-Meilen-Rennen von 1400 möglichen 1130 volle Runden zurück. Das ist ein schwer überbietbarer Rekord an Zuverlässigkeit. Da Rufus Parnell Jones, wie er mit vollem Namen heißt, zwischen 1961 und 1967 mehr Runden als Spitzenreiter – insgesamt 492 – als jeder andere Pilot auf sein Konto schrieb (pro Runde wurden 150 Dollar ausgeschüttet), wuchs seine Runden-Preisgeldsumme auf 73.800 Dollar, was ein Rekord für sich ist. Niemals stand er auf einem schlechteren Startplatz als auf dem sechsten. Er war der erste, der 1962 die sogenannte »60-Sekunden-Schallmauer« durchstieß. In den vier Qualifikationsrunden unterbot er viermal diese einstige Traumgrenze.
1963 hatte er Krach mit Jim Clark. Parnelli Jones feierte im 500-Meilen-Rennen einen umstrittenen Sieg. Sein Agajanian-Special hatte vor Schluß zu rauchen begonnen, Jim Clark und seine Boxenmannschaft waren fest überzeugt, man werde diesen ölverlierenden Rennwagen mit der schwarzen Flagge an die Boxen holen. Nichts dergleichen aber geschah.
Am nächsten Tag bei der Siegerehrung begruben Parnelli Jones und Clark alle Streitigkeiten, nur Eddie Sachs, der Siebzehnte, stichelte und maulte und nannte Parnelli Jones einen »unfairen Sieger«. Mit einem

rechten Kinnhaken verbat sich Jones alle weiteren Äußerungen. Sachs ging k. o.

Als Jones, dieser Athlet mit der millimeterhohen Bürstenfrisur, 1967 mit dem ersten STP-Turbinenwagen seinen Kolbenmotor-Gegnern davonlief, bis dann zehn Meilen vor Schluß des Rennens in seinem 60.000 Dollar teuren »Staubsauger« ein 6 Dollar teures Lager streikte, versuchte der United States Autoclub die Turbine möglichst rasch aus der Arena zu kehren. Man reduzierte für 1968 die Lufteinlaßöffnung der Axial-Turbinen-Triebwerke von 148 auf 103 cm^2.

Die leise über die Bahn fauchenden Turbinen-Keile, bei Lotus von Maurice Philippe konstruiert und von STP finanziert, galten 1968 als revolutionär wie kaum ein Rennwagen zuvor. Nur 612 kg schwer, sollte ihnen ihre Keilform zusätzlichen Bodendruck verleihen. Sie besaßen überdies noch einen Vierradantrieb. Für die Qualifikationsrennen, wo es um den Startplatz geht, wurde ein kühnes Experiment unternommen: Man stellte die Leerlaufgeschwindigkeit der Turbinen auf 80 Prozent der vollen Leistung ein. Das hieß: Die Piloten Joe Leonard, Graham Hill und Art Pollard gingen mit diesen 80 Prozent Leistung in die Kurven. Vorher mußten sie allerdings hart bremsen. Beim Loslassen des Bremspedals spulte sich die Turbine bis zur vollen Leistung auf. Der schnelle »Leerlauf-Speed« wurde nur für die Qualifikationsfahrten ausgeklügelt. Immerhin: Das Ziel wurde erreicht. Joe Leonard stand mit 274,49 km/h Schnitt am ersten, Graham Hill am zweiten Startplatz; Art Pollard war in der vierten Reihe.

Die Konkurrenz der Kolbenmotor-Rennwagen fühlte sich düpiert, einfach zum alten Eisen gehörig. Eine Lawine an Kritik und heftige Protestkundgebungen donnerten auf die Turbinen nieder. Die Automobilindustrie und die ihr verbundene Zubehörindustrie beobachteten mit hellwachem Unbehagen, was sich da in ihrer Indy-Spielkiste anbahnte. Wie lange sollten Flugzeugtriebwerke dem guten alten Kolbenmotor noch die Show stehlen?

Die Turbinen aber eliminierten sich 1968 selbst. Eine neuerliche Reglementänderung hat sie dann endgültig aus Indianapolis verbannt. Keiner der drei aufsehenerregenden, mit so viel Vorschußlorbeeren bedachten STP-Lotus kam ins Ziel. Für das Rennen auf normalen Superbenzin umgestellt, waren die Turbinen ihren Gegnern plötzlich unterlegen. Im Rennen konnte auch nicht mit der erhöhten Leerlaufdrehzahl gefahren werden wie im Training, das bekannte, verzögernde Ansprechen der Turbine, wenn Gas gegeben wird, wirkte sich diesmal verhängnisvoll aus. »Die Verzögerung dauerte drei Sekunden«, schilderte Joe Leonard, »erst dann setzte voller Schub ein.« Im dichten Verkehr der 200 Runden waren die Turbinen deshalb leicht auszutricksen.

Der Aufwand, um Indianapolis zu gewinnen, ist ungeheuer geworden. Jene, die gewinnen konnten, schwebten im siebenten Himmel. Mario Andretti, der 1969 die 40 kg schwere Borg Warner Trophy in Händen hielt, erinnert sich: »Und schließlich war ich nach dem großen Sieg im Bett. Ich lag am Rücken, konnte nicht schlafen, starrte zur Decke – und glaubt mir, ich hätte schwören können, die Wolken zu sehen...«

Als der Amerikaner Mark Donohue Ende 1973 den Rückzug vom aktiven Rennsport bekanntgab, stellte ich ihm die Frage: »Was war der Höhepunkt deiner Karriere?«

Mark suchte nach den richtigen Worten. Schließlich sagte er: »Mein Sieg in Indianapolis. Nicht das Geld, das plötzlich mir gehörte, wird mir ewig in Erinnerung bleiben, nein, es war die Euphorie eines Augenblicks. Die Fahrt im offenen Wagen nach dem Rennen, als 300.000 Menschen mir zujubelten. In diesem Augenblick wußte ich: Das ist der Höhepunkt deines Lebens.«

Das Wunder aus der Scheune — oder: Die Stewart-Tyrrell-Handschlag-Ehe

Der Mann, dessen Rennwagen Jackie Stewart von Sieg zu Sieg chauffierte, war selbst einmal Rennfahrer: Ken Tyrrell. Bei Testfahrten, 1955 in Silverstone, war er einmal sogar schnellster Mann, »doch Aston Martin disponierte dann auf einen gewissen Stirling Moss um« – wann immer Ken Tyrrell diese Story erzählt, untermalt er sie mit seinem meckernden Lachen. Ein Unfall in Goodwood gab ihm zu denken, löschte die lodernde Flamme seines Rennfahrerehrgeizes. Etwas Glut blieb, an ihr zündete der Holzhändler später sein eigenes Rennsport-Busineß an. Als verhinderter Rennfahrer entdeckte er Jackie Stewart. Und einer machte den anderen auf seinem Gebiet zum Größten. Als Stewart seine drei WM-Titel herausfuhr, hing er stets an der Leine von Ken Tyrrell.

Ken Tyrrells Gesicht könnte unter dem Messer eines Südtiroler Bildschnitzers entstanden sein. Verwittertes Zirbelholz nahm hier merkwürdige Falten, Höcker, Risse und Runzeln an. Der Mann aus der Grafschaft Surrey hat aber noch einiges zu bieten, was in diese Richtung schlägt. Vom Holzhandel hat er jahrelang gut gelebt. Auch heute, wo sein Rennstall die größeren Summen umsetzt und mehr Beschäftigte in der Lohnliste führt, läuft das Holzgeschäft immer noch sehr einträchtig nebenher. Was immer dieser grobschlächtig wirkende Mann anpackt, er tut es mit der sehnigen Zielstrebigkeit eines Bergsteigers, der gewohnt ist, die Diretissima zu gehen. Tyrrell gibt sich meist schroff. Man kann sich bei ihm leicht einen Schiefer einziehen, obwohl er im Grunde genommen gar nicht so ungehobelt ist, wie er sich gerne gebärdet. Als Leiter eines Rennstalles ist er gewohnt, im Minenfeld der Psychologie herumzuwandern, und ohne subtiles Einfühlungsvermögen würde er nicht sehr weit kommen.
Eine Art Top-secret-Aura umzingelt ihn. In einem Spiel, das Täuschen und Tarnen heißt, ist er Virtuose. Seine Werkstatt war all die Jahre nichts als eine Scheune, die er in einer Waldlichtung bei Ockham

*Regen-Grand-Prix
Zandvoort 1968:
Stewart auf Matra-Ford
(Archiv Matra)*

versteckt hat. Eine Bude aus Brettern, die den rost- und ölgebeizten Anstrich von Eisenbahnschwellen zur Schau stellt. Oft kommt die Rede auf dieses Versteck, und da schüttelt auch Jackie Stewart den Kopf: »Die schnellsten Rennwagen der Welt und diese Scheune, das paßt doch wie die Faust aufs Auge – oder nicht?«
Stewart und Tyrrell, was wären sie ohne Rennsport geworden? Tyrrell ein unbekannter Holzhändler aus Surrey, Stewart ein Garagist in Schottland, nicht ganz so unbekannt wie Tyrrell, denn der Name Stewart stand bereits im Zusammenhang mit Tontaubenschießen in der Zeitung, noch bevor Jackie einen Sturzhelm aufsetzte.
Stewart hat immer gerne betont: »I am a simple man.« Bei uns würde man sagen: ein Hinterwäldler. Ein Dorf in Schottland – Dumbarton, ein Haus aus grauen Steinen, eine winzige Garage mit einer Zapfsäule. Man geht auf die Jagd und angelt und schwänzt Schule. Seit frühester Jugend wird Jackie durch den Umgang mit Jagdwaffen zur Selbstdisziplin erzogen.
Ken Tyrrell (Jahrgang 1922) ist Laufbursche, Garagenarbeiter, hat einen Job in einer Zigarettenfirma, gibt im Krieg ein Gastspiel bei der Royal Air Force, wird bis nach Indien und Singapur kommandiert, spielt Fußball und zieht nach dem Krieg einen Holzhandel auf. Nicht mehr und nicht weniger als Durchschnittsbürger – eine durchschnittliche Karriere, sogar später als Rennfahrer. »Just for fun« fuhr Tyrrell zwischen 1950 und 1958 Rennen, unter der gleichen Devise, »nur zum Spaß«, hat auch Stewart 1961 begonnen.
Goodwood, diese Rennstrecke auf dem Privatgrund eines Adeligen, war in Ken Tyrrells Leben zweimal Wendepunkt. Nach seinem Unfall dort entschloß er sich, das Handtuch zu werfen. Außer der Courage war ihm auch das bißchen Genugtuung für einen sechsten oder siebenten Platz plötzlich abhanden gekommen. Und die Ehe mit Stewart – wo nahm sie ihren Anfang? – In Goodwood.
Der Schotte zögerte. Die Einladung von Ken Tyrrell für Probefahrten kam höchst ungelegen. »Ich war der Meinung, Single-seater-Fahren sei zu gefährlich, für mich war ein Einsitzer bereits echter, reinrassiger Rennsport. So weit wollte ich gar nicht gehen.« Stewart fragte zunächst Jim Clark, den er flüchtig kannte, um Rat. Und Clark sagte ihm klipp und klar: »Wenn du Rennen fahren willst, mußt du Einsitzer fahren, wenn du in die Formel III einsteigen willst, dann am besten mit einem Auto von Ken Tyrrell!«
In Goodwood also probierte Jackie Stewart, jung und talentiert, bis dato nur in Klubrennen siegreich, erstmals einen richtigen Rennwagen: hautenges Cockpit, freistehende Räder, fast liegende Position, ein superleichtes Vehikel, in dem man mit dem Gaspedal bereits mitlenken

Bild und Phantomzeichnung des erfolgreichsten Formel-I-Motors der Gegenwart: Das 3-Liter-V-Achtzylinder-Triebwerk wurde mit Ford Entwicklungshilfe von Keith Duckworth konstruiert. Die besten Motoren leisten 470 PS. Die Fahrer dürfen bis 11.000 Touren drehen (Archiv Ford)

konnte. Bruce McLaren legte mit dem Cooper-BMC-Formel-III-Wagen eine Rundenzeit vor, die Stewart zu seiner eigenen Überraschung fast auf Anhieb unterboten hat.
In Ken Tyrrell regte sich der Instinkt. Dieser Stewart war eine außergewöhnliche Begabung. Der Holzhändler bot ihm sofort einen Fünfjahresvertrag mit einem Fixum von 3000 Pfund. Stewart überlegte. Die Summe erschien ihm astronomisch. Trotzdem unterschrieb er nur für ein Jahr. Das sollte der einzige Vertrag bleiben, der jemals zwischen Stewart und Tyrrell mit Brief und Siegel zu Papier gebracht wurde. Der Ehevertrag der Zukunft sah anders aus: ein schlichter Handschlag besiegelte auf Jahre hinaus ein Millionenbündnis.
Über Mini-Cooper, Formel-III- und Formel-II-Rennwagen steigerte sich der Rennstallbesitzer Ken Tyrrell bis zur Formel I. Sein Aufstieg war auch Stewarts Aufstieg. Den letzten Schritt – in die Formel I – wagte Tyrrell aber erst mit Stewart, der 1968 nach drei BRM-Saisonen als ausgelerntes As in einen Formel-I-Matra stieg, den Ken Tyrrell einsetzte. In Mexico City hatte Stewart theoretisch sogar noch eine Chance, die Weltmeisterschaft zu gewinnen – eine streikende Benzinpumpe vermasselte ihm aber den Titel.

Links:
*1973 war für Stewart (links) und
Cevert (rechts) die letzte Rennsaison.
Der eine – Jackie – zog sich zurück,
der andere – François –
verunglückte in Watkins Glen tödlich.
Unser Bild:
Siegesfeier nach dem
Argentinien-Grand-Prix 1973,
den Emerson Fittipaldi (Mitte) gewann
(Foto Diego Goldberg)*

*Rechts: wurde 99 Grand-Prix-Rennen
alt und überlebte: Jackie Stewart
(Foto Alois Rottensteiner)*

1969 gewann Jackie Stewart sechs Grand Prix und wurde auf Ken Tyrrells Matra-Cosworth Weltmeister. Er mag von Jochen Rindts internen Problemen mit Lotus genauso profitiert haben, wie Rindt 1970 daraus Nutzen zog, daß Stewart mit dem March keine sehr schlagkräftige Waffe zur Verfügung stand.

Derek Gardner: Konstrukteur mit Bedenkzeit

Die Vorgeschichte der Saison 1970 sah so aus. Matra-Ford wäre an sich eine ausgezeichnete Kombination gewesen, doch als sich Matra an die Brust des Automobilriesen Chrysler warf, war es nicht gut möglich, mit dem Triebwerk der Konkurrenz – eben Ford – Rennen zu fahren. Matra entwickelte eine eigene Antriebsquelle, einen V-12-Zylinder. Ken Tyrrell bewies wieder einmal Instinkt. Chancen rechnete er sich nur mit einem Cosworth-Motor aus. Deshalb trennte er sich von Matra. Mit einem Motor allein war ihm aber nicht gedient, zumal niemand bereit war, an Tyrrell Rennwagenchassis zu verkaufen. Nur die neu etablierte Firma March hatte ein passendes Formel-I-

Chassis anzubieten. Ford-England lohnte Tyrrell die Cosworth-Treue und finanzierte ihm den Handel mit March. »Unsere Zukunft«, formulierte Ken Tyrrell, »sah 1970 gar nicht rosig aus, jedenfalls solange wir von anderen abhängig waren.« Im Februar 1970 beschloß er, seinen eigenen Rennwagen zu bauen. »Ich suchte mir einen Konstrukteur, der nicht im siebenten Himmel schwebte!« Seine Wahl fiel auf Derek Gardner.

Die beiden kannten sich, seit Gardner als Getriebeexperte 1969 an einem Matra-Formel-I-Rennwagen mit Allradantrieb mitgewirkt hatte. Wollte Stewart ursprünglich nie ein Profirennfahrer und Ken Tyrrell nie ein Rennstallbesitzer werden, so brachte der Brite Derek Gardner (Jahrgang 1931) anfänglich nicht den geringsten Enthusiasmus für den Rennsport auf.

Seine Laufbahn begann in der Flugzeugindustrie. Er entwickelte sich zu einem Aerodynamiker, und hätten ihm nicht die Ärzte einen Strich durch die Rechnung gemacht, wäre er bei der RAF Pilot geworden. Er fand sehr bald ein neues Spezialgebiet: automatische Getriebe. In der Versuchsabteilung der Firma Ferguson wurde er erstmals mit dem Rennsport konfrontiert, als es darum ging, für den Amerikaner Andy Granatelli einen Indianapolis-Rennwagen mit Vierradantrieb zu bauen. Das geschah 1964. Vier Jahre später arbeitete er zusammen mit Maurice Philippe an der Kraftübertragung des Lotus-Turbinenrennwagens für Indianapolis. Am London Airport traf er eines Tages mit Ken Tyrrell zusammen. Sie hatten beide das gleiche Reiseziel: Velizy in Frankreich, Sitz des Matra-Werkes.

Im Frühjahr wurde Derek Gardner von Ken Tyrrell angerufen. Man verabredete sich in einem Pub in Henley, das auf dem halben Weg zwischen Gardners Heim in Leamington und Tyrrells Zuhause in Ockham lag.

Ken Tyrrell fragte ohne Umschweife: »Trauen Sie sich zu, einen Formel-I-Wagen zu konstruieren?« Gardner erbat sich Bedenkzeit: »Ich hatte nie an einem Fahrgestell, geschweige denn an Radaufhängungen gearbeitet.« Dennoch sagte er Tyrrell zu und kündigte bei Ferguson.

Gardner begann sich zunächst einmal in der Formel-I-Technik umzuschauen. Er studierte Fotos, Schnittzeichnungen, stellte Berechnungen an, und von einem Tag auf den anderen verwandelte er sein Schlafzimmer in ein Konstruktionsbüro. Zuerst wußten nur drei Leute von dem Projekt: Tyrrell, Gardner und Stewart. Jackie schüttelte den Kopf. »Ihr seid wohl verrückt?« Später, als die Pläne für das Chassis fertig waren, hat man noch Maurice Gomm eingeweiht, einen Spezialisten für Schalenchassis. Selbst in Gomms kleiner Werkstatt in

Old Woking, keine fünf Meilen von Tyrrells Rennwagenscheune entfernt, fiel das neu zusammengenietete Chassis niemandem auf. Wenn jemand fragte, dann sagte Mr. Gomm, hier sei ein Rennwagen der Formel 5000 im Entstehen.
Derek Gardner hatte sich indes von seinem geliebten Bentley Mark VI getrennt, denn in seiner Garage galt es, für die 1 : 1-Holzmodelle Platz zu schaffen.
Auch von Dunlop mußten einige Reifenspezialisten in das Unternehmen »SP« (Secret Project) eingeweiht werden, von dem selbst die Tyrrell-Mechaniker erst acht Wochen vor der Rennpremiere Näheres erfuhren. Alle, die um den neuen Tyrrell-Rennwagen wußten, hielten dicht. Die Scheune im Wald war der richtige Ort, wo der Wagen unter Verschluß in die Endmontage gehen konnte. Wenn es jemals ein wohlgehütetes Geheimnis in der Vollgasbranche gegeben hat, dann war es der Bau dieses Rennwagens. Noch beim Großen Preis von Österreich, als man schon vage Gerüchte vernahm, dementierte Ken Tyrrell äußerst energisch: »Was? Ich und einen eigenen Rennwagen? Daß ich nicht lache!« Und er lachte wirklich, lauthals und meckernd und höhnisch. Es war eine ausgereifte Schauspielerleistung, die Ken bot. Sofort nach Zeltweg stieg er mit seiner Crew in ein von Ford gechartertes Flugzeug mit dem Ziel: London.
Am nächsten Tag wurde in einem von Ford groß aufgezogenen Presse-Cocktail die Decke vom neuen Tyrrell-Rennwagen 001 weggezogen. Derek Gardner drängte sich in den Hintergrund. Ganz bieder, mit säuerlicher Miene, nippte er an seinem Glas, der Rummel war ihm sichtlich peinlich. Wenige Tage später begann in Oulton Park das Training zum Gold-Cup-Rennen.
Jackie Stewart zündete erstmals den Tyrrell, es war regnerisch, naßkalt, und Derek Gardner konnte dem Racing absolut nichts abgewinnen. Gleich in der ersten Runde klemmte das Gaspedal. Jackie rodelte in die Wiese, ging danach an die Box, fuhr anschließend aber einen neuen Rundenrekord.
Ganz ohne Kinderkrankheiten war der Tyrrell-001 (Kostenpunkt: 22.500 Pfund) nicht. Im Grand Prix von Kanada, der 1970 in St-Jovite ablief, führte Stewart 31 Runden lang, als plötzlich die vordere Radaufhängung brach. Derek Gardner flog nach England zurück und konstruierte innerhalb von sieben Tagen neue Radnabenträger, die er als Handgepäck nach Watkins Glen zum US-Grand-Prix schleppte. In Watkins Glen hielt Stewart 83 Runden die Spitze, dann wurde ein Ölrohr undicht. In Mexico City stellte sich ein Defekt in der Lenkung ein, dann lief ihm nach einem Boxenstopp ein Hund in den Wagen. Zweifellos: Der Tyrrell-001 war auf Anhieb ein tolles Auto, viel

schneller als der March – sogar schneller als die Ferrari, die in der zweiten Hälfte der Saison 1970 mehr und mehr das Tempo diktierten.
1971 blieb Jackie bei Testfahrten in Kyalami erneut der Gasschieber stecken – 001 wurde beschädigt. Man zerschnitt die Rumpfschale nach dem Unfall in zwei Teile und baute sie neu zusammen. Stewart wurde im Südafrika-Grand-Prix hinter Mario Andretti (Ferrari) Zweiter. Wochen später führte Stewart den Tyrrell zum ersten Grand-Prix-Sieg: er schlug in Barcelona Jacky Ickx in einem erbarmungslosen Zweikampf. Stewart saß allerdings in einem neuen Tyrrell, der die Chassisnummer 003 trug.
Dieses Auto sollte in der Folge der erfolgreichste Formel-I-Rennwagen der Geschichte werden. Nicht weniger als acht WM-Läufe gewann Stewart in seinem 003.
1971: Spanien, Monaco, Frankreich, England, Deutschland, Kanada.
1972: Argentinien, Frankreich.
Auf dem Nürburgring, beim Großen Preis im Jahre 1972, kollidierte Stewart mit dem Ferrari von Clay Regazzoni. Die »Großmutter« – wie Stewart den 003 nannte, endete an einer Leitschiene: zerschunden, verbogen, havariert.
Vor dem Rennen hatte Stewart mit Ken Tyrrell telefoniert. »Ken«, piepste Jackie, »ich will am Nürburgring unbedingt den 005 fahren. Ich brauche diese neue Waffe, sonst kann ich nicht gewinnen.« Die Antwort war für Stewart ernüchternd. »Erinnere dich«, sagte Tyrrell, »1970 stiegen wir in ein Flugzeug, das uns nach Graz zu einem Begräbnis brachte. Ich möchte nie in ein Flugzeug steigen, das uns nach Glasgow bringt . . .«
In diesen zwei Sätzen offenbarten sich die Probleme mit dem neuen Tyrrell-005. Jochen Rindt verunglückte 1970 in Monza tödlich, weil eine der Bremswellen brach, die zu den innenliegenden Scheibenbremsen der Vorderräder führte. Auch der 005-Tyrrell hatte innenliegende Scheibenbremsen: Geverts Unfall bei der Premiere in Clermont-Ferrand und Stewarts Ausritt in Brands Hatch gingen auf das Konto dieser unausgegorenen technischen Errungenschaft.
»Die Bremsscheiben erzeugen Vibrationen, die den ganzen Wagen zerhämmern« – soviel wußte man vor dem Nürburgring. Mittlerweile hatte man auf Prüfständen rennmäßige Bedingungen simuliert, das Bremssystem weiter verbessert, und als Stewart in Österreich den Nachfolger der Großmutter, den 005, erstmals im Rennen fuhr, lagen die Scheibenbremsen nach herkömmlicher Art immer noch außen in den Felgen. Erst dann, wenn die Bremsen auch innenliegend hundertprozentig funktionierten, wollte man sie für den Renneinsatz freigeben.
»Ich weiß schon«, argumentierte Sicherheitsapostel Stewart, »warum

ich für niemanden anderen als für Ken Tyrrell Rennen fahre.« Stewart fühlte sich nie als Testpuppe mißbraucht, und doch widerfuhren auch ihm bei Tyrrell mechanische Defekte, die Unfälle auslösten, in denen er wie durch ein Wunder unversehrt blieb.

Stewarts Lohn der ... Ist Angst das richtige Wort?

Als Stewart 1973 auf der Kyalami-Rennstrecke im 280-km/h-Tempo ins Leere trat und ohne Bremswirkung weiterfegte, spürte er wohl einen Stich im Gedärm. Angst, nackte Angst aber brach in ihm keine aus, konnte einfach nicht ausbrechen, weil selbst die Angst etwas Zeit braucht, um sich zu etablieren. Nachher, als alles vorbei war, der Tyrrell-Rennwagen von drei Maschendrahtzäunen knapp vor einer Betonmauer gestoppt worden war, etwas später, als Stewart langsam dahinterkam, daß er lebte, völlig unverletzt war, als er längst aus dem Cockpit gesprungen war, beschlich ihn ein leichter Schock, den er aber erstaunlich schnell überwand. So schnell, daß er wenig später mit dem Tyrrell-Rennwagen von François Cevert das Training wieder aufnahm.
An der Benzinzapfsäule in Dumbarton hatte Jackie Stewart, als er mit fünfzehn die Schule verließ, dreieinhalb Pfund die Woche verdient. Als er 1962 die Bankangestellte Helen McGregor heiratete, seinen ersten Großen Preis von Deutschland gewann – im Tontaubenschießen übrigens –, warf man jede Woche den gemeinsamen Verdienst in einen Topf, mehr als zehn Pfund sollen es nie gewesen sein. 1969 hatte sich sein Jahreseinkommen bereits auf eine sechsstellige Summe – rund 100.000 Pfund – erhöht. Das war ungefähr zweieinhalbmal soviel, als Stirling Moss in seinem besten Jahr verdiente, und Moss galt zu seiner Zeit als der bestverdienende Lenkraddreher der Welt. Moss, der es als erster verstanden hat, den Personenkult in bare Münze einzuwechseln.
1971 schätzte man Jackie Stewarts Jahresverdienst auf brutto 340.000 Pfund. Als weltweiter Goodyear-Werbetrommler kassierte er pro Jahr 130.000 Pfund, von der französischen Benzinfirma Elf sprangen jährlich 30.000 Pfund heraus. Das Jahresfixum bei Ken Tyrrell war, gemessen an dem Salär anderer Spitzenpiloten, eher unterdurchschnittlich: 40.000 Pfund raunte man sich zu. Weitere Industrieverträge und Preisgeldanteile beliefen sich auf schätzungsweise 80.000 Pfund, den Rest spielte Jackie durch Werbeverträge mit Firmen ein. Dazu kam noch ein Vertrag mit Ford, der auch nach seinem Rückzug vom aktiven Rennsport weiterläuft. Daß er 1972 wegen seines Magenleidens auf

den Canadian-American Cup verzichten mußte, dürfte sein Jahreseinkommen um gute 100.000 Pfund gedrückt haben.
Den Lebensstil der Stewarts kann man nicht gerade billig nennen. Ken Tyrrell lebt im Vergleich zu ihnen äußerst bescheiden. Die 50.000 Pfund, die Stewart 1971 für Flugtickets 1. Klasse auslegte, konnte er glaubwürdiger von der Steuer absetzen als die Maßanzüge aus der Londoner Burlington Street, wo er denselben Schneider frequentiert wie Prinz Philip. Jackie verdiente viel, er gab aber auch Unsummen aus. Als wäre er gar kein richtiger Schotte.
Ken Tyrrell, der mit scharfem Verstand sein Team ausrichtet, mit allen Salben des Rennbusineß geschmiert ist, verband mit Stewart mehr als jene kalte Geschäftspartnerschaft, wie sie Rindt und Chapman, Ickx und Enzo Ferrari mehr trennte als vereinte.
Der Schreiber dieser Zeilen erinnert sich an einen Abend, den er zusammen mit der Tyrrell-Crew und Jackie in einem kleinen Gasthof nahe dem Österreichring verbrachte. »Dieses Gasthaus«, sagte Jackie, »ist für mich das Hilton, es rangiert in meiner Liste der Fünfsternhotels ganz oben.« Als er die verrauchte Gaststube betrat, fiel ihm die Wirtin um den Hals wie eine Mutter, deren verlorener Sohn zurückgekehrt war.
In der einen Ecke gab der Ziehharmonikaspieler Vollgas, in der anderen Ecke tafelte das Tyrrell-Team. Jackie bestellte in deutscher Sprache einen Apfelsaft und löffelte einen Teller Frittatensuppe. Ken Tyrrell saß unter einem mächtigen Hirschgeweih, an dem eine Holztafel hängt. Ich mußte ins Englische übersetzen, was man ins Holz graviert hatte: »Stammtisch für Jäger, Fischer und andere Lügner«.
»Das paßt doch genau auf Ken«, zerkugelte sich Jackie.
Der Ziehharmonikaspieler intonierte ohne Vorwarnung die bekannte Heurigenweise »Stellt's meine Roß in' Stall«. Zum Apfelsaft kam später noch die Bitte: »Wenn ich jetzt schlafen gehe, könnte man dann nicht den Musikanten etwas leiser drehen?«
Für acht Uhr früh bestellte er sein Frühstück. Draußen neben dem Kuhstall hielt das langsamste neben dem schnellsten Vehikel Nachtwache: ein hölzerner Leiterwagen lehnte sich an den Tyrrell-005. Es roch nach Wald, Getreide, Heu und Misthaufen. Die Ziehharmonika war eingeschlafen.
In dieser Nacht begriff ich, wieso Jackie diese einfache, rustikale Geborgenheit so liebt, die fernab von Klimaanlagen, knöcheltiefen Velourteppichen und marmornen Badezimmern liegt. Jackie fühlt

Rechts: Das Jahr nach Stewart:
Ken Tyrrell mit dem Tyrrell-007, der 1974 von
Jody Scheckter und Patrick Depailler gefahren wird, ein Wagen,
den wiederum Derek Gardner konstruierte (Archiv »elf«)

sich zurückversetzt in sein Elternhaus, wo er unter ähnlichen, ganz einfachen Verhältnissen aufgewachsen ist. »Der Jackie«, behauptet Ken Tyrrells Gattin Nora, »der Jackie hat sich in all den Jahren seines Aufstiegs nicht geändert.«
Wie sah Ken Tyrrell das Phänomen Stewart? »Er brauchte«, eröffnet sein Entdecker, »nur ein gleich gutes Auto wie seine Gegner, den Rest erledigte er selbst. Stewart war aber nie restlos überzeugt, dieses oder jenes Rennen gewinnen zu können. Erst am Schluß, wenn die Flagge fiel, glaubte auch er an den Sieg. Stewart mag sich nie ganz darüber im klaren gewesen sein, wie gut er wirklich war. Ich habe ihn nur zweimal außer Form gesehen, in Monaco und Spanien 1972, doch da hatte er schon Magenbeschwerden.« Stewarts Auftritte im Tyrrell-Team waren während der Trainings- und Renntage sehr kurz. Ken machte für seinen Star den Stundenplan: »Ich brauch' dich um zehn Uhr angeschnallt im Wagen.« Stewart kam pünktlich, fuhr und verschwand nach getaner Arbeit.
Bisweilen krachten Stewart und Tyrrell zusammen. In Zolder 1973 war es, als Stewart & Co. nicht starten wollten, weil ihnen die Oberfläche der Rennbahn gefährlich erschien. Tyrrell zürnte: »Meine Wagen aber werden fahren!« Stewart konterte trocken: »Dann mußt du selbst fahren, hier, nimm meinen Helm.«
»Alles«, resumiert Tyrrell über die Stewart-Ehe, »war eine Sache des Erfolges. Mit Stewart bekam ich gute Verträge, Stewart gewann mit uns, wir mit Stewart, er brachte uns Geld, Geld bedeutet Weiterentwicklung der Rennwagen, konkurrenzfähige Wagen bringen Siege ins Haus.«
Der Franzose François Cevert, der im Windschatten von Stewart groß wurde, analysierte gerne sein Vorbild: »Erstens besitzt Stewart außergewöhnliches Talent, zweitens die überragende Fähigkeit, auf jeder Strecke nicht nur für eine schnelle Runde, sondern für ein ganzes Rennen optimal abzustimmen, drittens: Jackie leistete sich – im Gegensatz zu mir – nirgendwo Fehler.«
Jochen Rindts Tod in Monza und Ceverts Tod in Watkins Glen waren für Jackie Stewart die Tiefpunkte seiner Laufbahn. »Wenn mich vor Watkins Glen jemand gefragt hätte: ›Mister Stewart, gesetzt den Fall, Sie würden auf dieser Strecke einen Unfall bauen, an welcher Stelle könnte er passieren?‹ Ich hätte ihm haargenau jene S-Kurve mit haargenau jenem Punkt gezeigt, an dem François verunglückt ist. An dieser Stelle ist nämlich das Seil für unseren Balanceakt viel dünner als anderswo.« Dieses Bekenntnis gab Jackie Stewart einige Wochen nach jenem 14. Oktober 1973, an dem er in London seinen Rückzug vom aktiven Rennsport bekanntgegeben hatte.

Den Entschluß zum Aufhören hatte er viel früher – genau: im April 1973 – gefaßt. Und wenn man Stewart nach den Sternstunden seiner Karriere befragt, in der er 99 Grand Prix mitfuhr, 27 Formel-I-WM-Läufe gewonnen hat, so wird er antworten: »1969 war das Gefühl, World Champion zu sein, neu und deshalb von einer trunkenhaften Freude. 1973 wußte ich, es wird mein letztes Jahr. Klar, daß mir die WM den Abgang versüßt hat.«

Wochen nach seinem Rückzug traf ich Jackie Stewart auf der kalifornischen Riverside-Rennstrecke. Da stand er auf der Pressetribüne in der zehnten Reihe, völlig unbeachtet, mitten unter den Journalisten. Der Mann der Stunde hieß Mark Donohue: Der amerikanische Starpilot verkündete in dieser Pressekonferenz überraschend seinen Rücktritt. Jackie war plötzlich eine unbedeutende Randfigur.

So ist das also in diesem Metier, wenn man in Pension geht: Eines Tages wird der Jubel leiser, die Begeisterung kühler, der Applaus gedämpfter, und in der Statistik vergilben langsam die Siege. Das allerwichtigste aber ist für Stewart: Er hat dem Rennsport alles, nur nicht sein Leben gegeben. Er kann nun ins gleiche Horn stoßen wie Stirling Moss, der die Bilanz seiner Laufbahn »All but my life« nennt. Auch Stewart hat sein Leben gerettet – hinüber ins Privatleben.

Die erste Generation Tyrrell-Rennwagen hat indes längst Patina angesetzt. 001 befindet sich nach wie vor im Besitz von Ken Tyrrell, der dieses Auto »als Andenken an den Beginn« für immer behalten möchte. 002 wurde von Emerson Fittipaldi erworben – für Ausstellungszwecke. Die »Großmutter« 003 steht in der Donington Collection, dem berühmten Rennwagenmuseum von Tom Wheatcroft in Donington Park bei Derby. 004, der wie 001 bei Tyrrell sieglose Rennwagen, wurde nach Südafrika verkauft und gewann dort die Meisterschaft von Bulawayo. Im 006/2 sicherte sich Jackie Stewart 1973 den Weltmeistertitel, im 006/3 starb François Cevert.

In seinem Innersten ist Ken Tyrrell ganz sicher nicht jener Managertyp aus Hartholz, den er nach außen verkörpert. Der Tod von François Cevert hat ihn zutiefst getroffen. Wochenlang war er in seiner Schaffenskraft gelähmt, das Thema Rennsport blieb in seinem Hause erstmals tabu.

10 Die Marathonläufer aus dem Schwabenland — oder: Porsche-Siege durch technischen K.o.

»Uff«, zischte der Monteur eines amerikanischen Rennstalls, als die fünf Wagen starke Porsche-Armada in der Arena von Daytona Beach (Florida) Einzug hielt, »wenn es stimmt, daß Porsche nur ein kleines Werk ist, hätte Ford seinerzeit ja mit 30 Werkswagen aufkreuzen müssen.« Der Mann hatte recht. Erschien doch das, was Daimler-Benz und später Ford im Autorennsport an Finanzkraft und geistigem Potential aufbrachten, als unüberbietbar. Wenn man aber die Größe einer Firma zu einem bestimmten Rennsport-Engagement in Relation setzt, wird sicherlich bei Porsche der größte Aufwand transparent. Wie man in Zuffenhausen daranging, 1969 die Markenweltmeisterschaft zu gewinnen, war einfach beispiellos. Computer rechneten den neun Vertragspiloten für jede Rennstrecke eine Optimalzeit vor – den Charakter, die Fahrweise und den Ehrgeiz all dieser Menschen auf einen Nenner zu bringen, hätte allerdings nicht einmal ein Elektronengehirn geschafft. Den Gegner zu umzingeln, niederzuwalzen, ihn in jedem Rennen mit immer neuen Autos dank der hauseigenen, hochgestochenen Technik einfach knockout zu schlagen, das war die Devise.
Der Mann, der Ferdinand Porsche hieß und als der »alte« Professor Porsche in die Geschichte eingegangen ist, war ein Genie. In seinem Gehirn reifte der Volkswagen: jenes käferförmige Automobil, von dem bisher über 15 Millionen Exemplare in die Welt gesetzt wurden.
Er war 23 Jahre, als er in die k. u. k. Hofkutschenfabrik Jakob Lohner & Co. in Wien-Floridsdorf eintrat, und gleich seine erste Schöpfung, das Lohner-Porsche-Elektromobil, erregte um die Jahrhundertwende großes Aufsehen. 1905 übersiedelte Porsche nach Wiener Neustadt zu Austro-Daimler, wo er für die Prinz-Heinrich-Fahrt im Jahre 1910 einen 5,7-Liter-Tourenwagen entwickelte, der 86 PS leistete und 140 km/h lief. Porsche selbst gewann diesen Wettbewerb am Steuer dieses Wagens: der erste Marathonsieg einer Porsche-Konstruktion. Andere folgten. So kam sein 1100-ccm-Sascha-Rennwagen 1922 in

der Targa Florio zu einem Klassensieg. Wegen Differenzen mit der Austro-Daimler-Geschäftsführung übersiedelte Ferdinand Porsche 1923 zu Daimler-Benz nach Stuttgart. Er brachte neue technische Errungenschaften aufs Reißbrett. Porsches Daimler-Rennwagen mit Kompressor holte sich unter Christian Werner den Gesamtsieg in der Targa Florio. Nach einem kurzen Intermezzo bei Steyr kehrte der eigenwillige Porsche nach Stuttgart zurück, um Ende 1930 mit zwölf Mitarbeitern sein eigenes Konstruktionsbüro zu etablieren. Für die Auto-Union konstruierte er den berühmten P-Wagen, den ersten Grand-Prix-Rennwagen mit Mittelmotor.
Ob Rennwagen, Sportwagen, Serienwagen – nie hat ein Konstrukteur auf der Klaviatur der Technik mehr Oktaven überspannt und so virtuos angeschlagen wie der »alte« Professor Porsche. 1944 von den Deutschen samt Firma nach Gmünd in Kärnten ausgesiedelt, konnte er an eine Rückkehr nach Stuttgart vorerst nicht denken, solange die Amerikaner in Stuttgart das Porsche-Werk besetzt hielten. Von den Franzosen nach Verhandlungen über eine französische Volkswagen-Konstruktion zwei Jahre lang inhaftiert, wurde Professor Porsche im Herbst 1947 gegen die Kaution von 1 Million Franken auf freien Fuß gesetzt.
Als im Juni 1948 sein Sohn Ferry mit einem aus VW-Beständen vorerst nur zum Spaß aufgebauten zweisitzigen Roadster mit Notverdeck seine ersten Gehversuche unternahm, war das Urmodell aller Porsche entstanden. Was in Gmünd seinen Anfang nahm und von der Schweizer Firma Thun später karossiert wurde, stand dann im März 1949 auf dem Genfer Autosalon: Porsches 140 km/h schneller Typ 356. Porsche war schon 74 und gesundheitlich schwer angeschlagen, als noch in Gmünd die ersten 50 Wagen dieser »Leichtmetallserie« gebaut wurden.
Professor Porsche starb am 30. Jänner 1951. Fünf Monate später feierte ein Porsche-Leichtmetall-Coupé beim 24-Stunden-Rennen von Le Mans einen Klassensieg.
Mit Porsches neuem Rennbahnzwerg konnten sich Fahrer wie Walter Glöckler, Petermax Müller, Richard von Frankenberg, Huschke von Hanstein, Paul Frere mit Lorbeer bedecken. Im Herbst 1953 wurde der Spyder 550 entwickelt, dessen 1500-ccm-Viernockenwellenmotor 108 PS bei 6500 Touren produzierte. Im Mai 1954 führten ihn Herrmann/Linge zum Klassensieg in der Mille Miglia.
Hans Herrmann: ein Stuttgarter Konditor, dessen Karriere 1952 begann und erst 1970 zu Ende gehen sollte. Diese Mille Miglia 1954 ist Herrmann aus folgendem Grund noch sehr lebhaft in Erinnerung. Eine unübersichtliche Rechtskurve. Man fährt 160. Ein Bahnübergang springt auf sie zu. Die Schranken sind geschlossen. Der Zug keucht heran. Alles zu spät. Herrmann schlägt seinem Beifahrer Herbert

Oben: Edi Barth (links) und Wolfgang von Trips: Lorbeeren auf Porsche
(Foto Julius Weitmann)

Rechts: Richard von Frankenbergs Porsche Spyder katapultierte sich 1956 über den Rand der Avus-Steilwand. Frankenberg hängt hier noch aus dem Cockpit, das Gestrüpp fing ihn weich auf und rettete sein Leben
(Foto Julius Weitmann)

Linge auf den Sturzhelm, beide ducken sich, der Porsche schliddert unter den Schranken durch.
Weiß Herrmann heute noch sehr klar: »Wir brachten auf den nächsten Kilometern keinen Ton heraus.«
Die Porsche-Spyder wurden die erfolgreichsten Sportwagen der Mittelklasse: zuerst mit 1500, später mit 1600 und 1700 ccm wurden sie für die Hubraumgiganten die Faust im Nacken.

Graf Wolfgang von Trips: der letzte Ritter

Es waren ganz erstaunliche Silber-Flunder, die hier in die Rolle des Davids schlüpften und dem großen Goliath immer wieder ein blaues Auge schlugen. Sie lagen dank ihres Heckmotors prächtig auf der Straße. Porsche-Fahrer bremsten später als die Großen, sie jong-

lierten ihre Wagen meisterhaft und spielerisch um die Ecken, und die Gebläsemotoren eigneten sich die Laufzeit eines Uhrwerks an. Es gab kaum einen namhaften Rennfahrer, der nicht irgendwo einmal einen Porsche-Renner bewegte, seit Umberto Maglioli in einem heldenhaften Alleingang die 720 km lange Targa Florio gewinnen konnte: Masten Gregory und Maurice Trintingnant, Jo Bonnier und Carl de Beaufort, Graham Hill und Jean Behra, Stirling Moss und Wolfgang von Trips, Oliver Gendebien und Edi Barth.
Es wurde hart und keinesfalls im Schongang gefahren, in dieser alten Porsche-Zeit, besonders dann, wenn Leute wie Bonnier, Trips und Behra die Klingen kreuzten, wie in jenem Avusrennen von 1959.
Die überhöhte Nordkurve der Berliner Avus war regennaß, als der Franzose Jean Behra die Bodenhaftung verlor und sein Porsche-Spyder mit etwa 160 km/h gegen den Betonsockel einer aus dem Krieg übriggebliebenen Flakstellung prallte. Trips und Bonnier, abseits der Rennbahn dicke Freunde, streckten erst dann die Waffen, als ihnen ihr Rennleiter Huschke von Hanstein eine schwarze Tafel vor die Nase hielt, auf der hinter dem Namen Behra ein großes Kreuz gemalt war. Der Anprall hatte den Franzosen auf der Stelle getötet.
Selten hat jemand so viel Glück gehabt wie der holländische Hüne Graf Beaufort, der im gleichen Rennen ebenfalls mit seinem Spyder aus der Nordkurve flog, auf der Rückseite aber wie von Engeln getragen in das Fahrerlager abrutschte und sofort wieder ins Rennen ging.
Bereits im Jahre 1956 hat sich Richard von Frankenberg im Zweikampf mit Trips über den Rand der berüchtigten Avus-Steilwand hinauskatapultiert. Frankenberg fiel beim Überschlag aus dem Porsche-Cockpit, das Gestrüpp hinter der Nordkurve fing ihn weich auf. Der Wagen aber schlug wie eine Bombe im Fahrerlager ein.
Mit 16 Tagen Spitalsaufenthalt und einer Gedächtnislücke kam Frankenberg nach dem Unfall, der von all seinen Ausritten der spektakulärste war, relativ harmlos davon.
Es mutet wie eine Ironie des Schicksals an, wenn jener Mann, der als Wanderprediger des sicheren Autofahrens durch die Länder zog, in seinen Büchern immer wieder über die hohe Schule des Fahrens dozierte, ausgerechnet durch das Unvermögen anderer im Straßenverkehr den Tod finden mußte. Frankenberg verunglückte im November 1973 auf der Autobahn bei Stuttgart – in einem Porsche. Interessant ein Detail am Rande: Der private Schnellfahrer Frankenberg legte niemals Sicherheitsgurte an. Ausschlaggebend für diese Verhaltensweise war sein Avus-Unfall, den er angeschnallt wahrscheinlich nicht überlebt hätte.
Der Vergleich, Grand-Prix-Rennen seien so etwas wie moderne Ritter-

turniere, geht auf Wolfgang von Trips zurück. Er war adeliger Herkunft, für diesen Vergleich also zuständig. Über Rennsport konnte er tiefschürfend philosophieren. Den Brückenschlag von den Ritterturnieren zum Rennsport legte Trips einmal Richard von Frankenberg dar, der diese Gedanken niederschrieb. »Wir leben in einer Zeit«, formulierte der Graf auf seiner wehrhaften Burg Hemmersbach im Rheinland, »in der uns die Technik nicht nur Tag für Tag und Stunde für Stunde umgibt, sondern auch immer neue Aufgaben stellt. Wir brauchen deshalb für einen sportlichen Kampf, wie ihn damals die Ritter führten, ein technisches Mittel. Wir sind die erste Generation, der ein solches technisches Mittel in gewisser Perfektion zur Verfügung steht. Jawohl, ein gefährliches Mittel, ich weiß das . . .«
Piers Courage, Sohn einer britischen Bierbrauerdynastie, motivierte seine Rennfahrerambitionen dem Vater gegenüber mit ähnlichen Worten, die aber noch viel drastischer klingen: »Du hattest den Krieg, ich aber hatte nichts dergleichen . . .«
Von Trips stammt das inzwischen klassisch gewordene Zitat: »Wohl selten sind sich zwei im Wettstreit Kämpfende so nah wie Rennfahrer, die mit 200 km/h nebeneinander auf eine Kurve zuschießen, fiebernd darauf wartend, daß der Gegner zuerst das Gas wegnehmen möge...«
Wahrscheinlich war man sich früher in einer solchen Situation tatsächlich näher als heute. Man fand – weil man langsamer fuhr – noch Zeit für den kurzen Blick zum Gegner hinüber, dessen Gesicht von keinem Vollvisierhelm umhüllt war wie heute. Ein kurzer Blick, und man konnte seine Schlüsse ziehen, aus dem verzerrten Mund, aus den angespitzten Backenknochen, aus der Haltung, wie gelöst oder verkrampft sie war.
Wolfgang von Trips, das war noch ein echter Ritter. 1957 hatte er die einmalige Chance, in einem Ferrari die Mille Miglia zu gewinnen. Er holte seinen Stallgefährten Taruffi ein, der mit Getriebeschwierigkeiten zu kämpfen schien. Als Trips an ihm vorbeiziehen wollte, hob Taruffi seine Hände zu einer bittenden Geste. Trips verstand und reihte sich hinter Taruffi an. Trips wußte genau, daß der weißhaarige Italiener nach diesem Rennen seine Laufbahn beenden wollte und nichts sehnlicher herbeisehnte als diesen einen, seinen letzten Sieg.
Wolfgang von Trips verunglückte in Monza. 1961, als für den Deutschen der WM-Titel greifbar nahe gerückt war. Mit Trips starb auch der ganze ritterliche Geist, den zu verbreiten er so bemüht war.
Und Jo Bonnier? Er war stolz und hatte etwas Hintergründiges. Er war undurchschaubar wie eine Sphinx und genauso steinkalt. Dank seiner Größe ließ er immer den Eindruck aufkommen, er würde nichts, was unter seiner Augenhöhe rangiert, für voll nehmen. Das Herab-

schauen auf die Umwelt wurde ihm stets als Arroganz ausgelegt. Wenn jemand so intelligent wie Jo Bonnier und noch dazu Rennfahrer ist – und es gab Jahre, da zählte man den Schweden zu den sechs Besten der Welt –, wenn jemand so gescheit ist, wird er eher früher als später das Risiko abbauen. Wahrscheinlich hat er 1965 eingesehen, daß die Suche nach den letzten Sekundenbruchteilen in diesem Sport mit einem Preis verbunden ist, den zu zahlen er nicht mehr bereit war. 1959 gewann er auf einem Formel-I-BRM den Großen Preis von Holland. Seine größte Zeit waren die Jahre 1959 bis 1964. 1960 gewann er für Porsche die Targa Florio und den für Formel-II-Rennwagen ausgeschriebenen Großen Preis von Deutschland auf der Nürburgring-Südschleife. 1963 gewann er für Porsche nochmals die Targa.

Vielleicht war er schon müde, der Jo, als 1971 in Le Mans dieser Unfall passierte. Jedermann ist Sonntag früh in Le Mans müde, abgespannt, unkonzentriert. Nur in einer solchen Tretmühle konnte es geschehen, daß er sich einen Fehler leistete: der Mann, der wie ein Professor fuhr, der immer bedacht war, weniger zu riskieren als der Lokführer eines Güterzuges.

Die alte Zeit bei Porsche: Da wurden, um Geld zu sparen, die Rennautos für 200 Dollar pro Stück mit dem Bananendampfer nach Florida verschifft und Fahrer von Rennleiter Hanstein prinzipiell nur per Handschlag engagiert. Als 1962 die Formel-I-Beteiligung mehr als 500.000 Mark verschlang – Dan Gurney führte den Achtzylinder-

Die Wandlung des »weißen Riesen«: 1969 erster Sieg (Siffert/Ahrens), Österreichring... (Foto Alois Rottensteiner)

Porsche-Rennwagen zum Sieg im französischen Grand Prix von Rouen –, weitere Erfolge aber ausblieben, zog man sich vom Grand-Prix-Sport zurück.

Die neue Ära unter Piech

Erst als ein Enkel des »alten« Professors Porsche, Ferry Piech, gebürtiger Österreicher, Jahrgang 1937, als Chef der Gesamtentwicklung dem Rennsport in dem Familienbetrieb der Porsche und Piechs neue Dimensionen erschloß, wurde auf den Rennpisten aus dem David endgültig ein Goliath.
Der Achtzylindermotor wurde durch den Sechszylinder ersetzt und haltbar gemacht. Die Europa-Bergmeisterschaft war das Experimentierfeld neuer Rennsportwaffen. Der Weg zum Sieg führte bei Porsche nun über den Leichtbau: Magnesium und Titan und später sogar Beryllium halfen die Porsche-Renner zu erleichtern und zu verteuern. 1966, als am Nürburgring der Rahmen eines schon in der Targa Florio eingesetzten Achtzylinder-Carreras brach, faßte Piech den kühnen Entschluß, für jedes Rennen ab sofort neue Wagen zu bauen, um derartige Ermüdungsbrüche auszuschalten. 1967 baute man für jedes Langstreckenrennen bereits neue Wagen vom Typ 910. Bis zum Juli 1967 standen bereits 32 solcher 910 auf Rädern, die dann nach und nach abverkauft wurden und jene siebenstellige DM-Zahl wieder einbrachten, um die das Jahres-

…1971 auf dem Höhepunkt der Siegesserie: Rodriguez/Bell in Daytona

rennbudget überzogen wurde. Ein IBM-360/40-Computer wurde gemietet, der an Hand von Streckendaten, wie Kurvenradien und Steigungen, aus Motordrehzahl, Querbeschleunigung, Getriebeabstufungen, Beschleunigungswerten usw. für jede Rennstrecke eine sogenannte Computer-Rundenzeit errechnete. Piech trieb seine Mitarbeiter zu Höchstleistungen und lernte den Fleiß im Schwabenlande schätzen.
Als Techniker einst die Kugel auf dem Schaltknüppel eines Renn-Prototyps nicht aus dem leichtesten Holz herstellen ließen, wurden sie von ihm scharf gerügt: Sie hätten vierzig Gramm Gewicht vergeudet. Piech, Vater von fünf Kindern, sorgte für immer kürzer werdende Entwicklungszeiten und boxte seine Programme derart konsequent durch, daß angesichts seiner Bleistift-bei-Fuß stehenden Technikerarmee selbst die Familienkoalition aus den Fugen geriet.
Mit dem unter Denkmalschutz stehenden Rennleiter Huschke von Hanstein konnte sich der zornige Jung-Ingenieur nie so richtig anfreunden. Nach und nach wurde der früher alles entscheidende Rennleiter von der Technik entmachtet. Piech und seine damalige rechte Hand, Ing. Bott, waren der Ansicht, daß Rennen einfach nicht von der Box aus gewonnen werden sollten, indem die Parole ausgegeben wird: Dieses oder jenes Team fährt auf Ankommen. Sie wollten den Fahrern vielmehr Autos bauen, die so perfekt waren, daß ein 6-, 12- oder 24-Stunden-Rennen in erster Linie durch Schnelligkeit gewonnen werden konnte. Dieser technische Extremismus führte dazu, daß der Gegner des öfteren technisch knockout geschlagen wurde – ohne Schaumschlägerei und Langsam-Fahrplan. Eine solche Taktik deckte aber auch die eigenen Achillesfersen viel schonungsloser auf. Sie zog unweigerlich dann und wann eine Niederlage nach sich, die der Sportwelt unfaßbar erschien.
So kam es 1968 beim 24-Stunden-Rennen von Le Mans zu einem Desaster mit den Lichtmaschinen. Obwohl vorher Dauerversuche bis zu 50 Stunden gefahren wurden, passierte es beim Rennen, daß ein Epoxyharz-Klümpchen, von der Fliehkraft losgelöst, Sand in das Getriebe des Stromspenders brachte. Dem Mann, der diese Lichtmaschine bei Bosch zusammenbaute, hatte man zwar gesagt, daß er für Le Mans an der Werkbank stand. Wahrscheinlich wollte er seine Arbeit deshalb besonders gut ausführen. Er machte die Epoxyharz-Isolierung zu groß, so dick jedenfalls, daß sie von der Fliehkraft weggeschleudert wurde, von den Drähten abfiel und einen Kurzschluß erzeugte.
Oder: Beim 24-Stunden-Rennen von Daytona platzten 1969 an allen Porsche die Schweißnähte an den Auspuffkrümmern und -tüten, die im Zuge der Gewichtssparmaßnahmen immer dünner ausfallen mußten. Den eigentlichen Gnadenschuß erhielten alle fünf 3-Liter-Werks-

Porsche-908 von einem Zwischenwellenzahnrad des Nockenwellenantriebes, das unter den Belastungen resignierte. Der übersteigerte Verschleiß dieses aus Aluminium geschmiedeten Zahnrades hing wiederum mit der Verlegung der Lichtmaschine vom Gebläse zur Nockenwelle zusammen.
Auch beim nächsten Rennen, den 12 Stunden von Sebring, hatte die Niederlage der Porsche System: Nach den Lichtmaschinen von Le Mans und den Zahnrädern von Daytona blieb diesmal nur der Wagen von Vic Elford/Dick Attwood von jenem Chassisdefekt verschont, der bei den anderen vier Wagen nahezu an der gleichen Rahmenstelle auftrat. Zum Zeitpunkt des Rennens in Sebring wußte man aber im Werk bereits um diese Schwachstelle am Rahmen. Testfahrten auf der Porsche-Versuchsstrecke in Weissach, einer eigens angelegten Rüttelpiste, auf der die Wagen mit etwa 90 km/h Spitze stundenlang durchgeknüppelt wurden und sogar über hölzerne Sprungschanzen hopsten, legten das Unheil bloß. Man wußte also: Alles, was in Weissach bricht, bricht früher oder später auch im Rennen.

Der weiße Riese

Während man in Zuffenhausen emsig bemüht war, die letzten Krankheiten des 908 auszuheilen, wurde am 12. März 1969 auf dem Genfer Automobilsalon Porsches neuer Superrenner enthüllt, mit dem man in den Langstreckenrennen künftig alles in Grund und Boden fahren wollte: der 917, sehr bald »weißer Riese« genannt.
Die Entwicklungszeit war mit acht Monaten sensationell kurz. Im Mai 1968 hatte die Reißbrettarbeit begonnen, im März 1969 lief die Produktion an, denn für die Sportwagen-Homologation galt es 25 Exemplare auf die Beine zu stellen.
Der technische Steckbrief des 917 sah folgendermaßen aus: leichter Gitterrohrrahmen aus Alu, wie im Flugzeugbau verwendet, geschweißt nach einem Spezialsystem, an dessen Entwicklung man fast ein Jahr lang arbeitete. Als Rechtslenker konzipiert, verfügte der Wagen über einen 4,5-Liter-12-Zylinder-Motor, der offiziell 520 PS bei 8000 Touren leistete, aber gleich zu Beginn bereits an die 580 PS gehabt hat. Vier obenliegende Nockenwellen und Benzineinspritzung zeichnen dieses kompakte Kraftwerk aus, das nur um 10 cm länger als der Achtzylindermotor ist. Allein die Materialkosten für den weißen Riesen wurden mit 220.000 DM beziffert. Der mit 140.000 DM festgesetzte Verkaufspreis brachte ein Defizitgeschäft ins Laufen.
Als die Fahrer beim Vortraining zum 24-Stunden-Rennen von Le Mans,

im April, erstmals den 917 bestiegen, hatten sie Respekt. Als sie ihn aber fuhren, bekamen sie Angst. »Beschleunigte man voll«, erinnert sich Hans Herrmann, »dann glaubte man, der ganze Wagen stürzt vor lauter Kraft in sich zusammen.« Bei 300 km/h »fuhr man auf der Geraden Schlangenlinien«.

»Bei über 320 km/h wird die Hunaudières-Gerade schmal wie ein Feldweg«, schilderte Rolf Stommelen, »man darf das Lenkrad auf keinen Fall nur mit Fingerspitzen halten. Man muß kräftig zupacken, wie in einer schnellen Kurve.« Stommelen fuhr auf der Geraden bewußt in der Straßenmitte, um etwaige Windstöße besser parieren zu können. Das Atemholen des Zwölfzylinders war so kräftig, daß die Heckscheibe zu Bruch »gesaugt« wurde. Das »Kraftei« war den Fahrern nicht geheuer.

Obwohl es in Brands Hatch einen dreifachen Porsche-Triumph gab – Siffert/Redman siegten vor Elford/Attwood und Mitter/Schütz – und der 908 seine Schälkur fast beendet hatte, offenbarten sich Differenzen zwischen einigen Piloten und der technischen Leitung. Besonders die deutschen Fahrer im Team – Mitter, Schütz, Stommelen und Herrmann – wähnten sich gegenüber den Ausländern vom Material her benachteiligt. Gerhard Mitter und Rolf Stommelen sprachen von einer »Stallorder durch die Technik«. Ab Brands Hatch aber geriet die weiße Dampfwalze ins Rollen, und sie wurde erst wieder in Le Mans gestoppt, als die Markenweltmeisterschaft bereits gewonnen war.

Der Schweizer Jo Siffert und der Brite Brian Redman entwickelten sich zur Traumbesatzung. Dank Sifferts Vorarbeit in der ersten Rennstunde wurde dieses Team – als einzige Porsche-Mannschaft – stets auch mit dem meist als Unikat laufenden Werks-Ferrari fertig. Siffert/Redman siegten außer in Brands Hatch in Monza, in Spa, auf dem Nürburgring und in Watkins Glen. Mitter/Schütz gewannen die Targa Florio.

Hätte es in dieser Saison 1969 für den ehrgeizigsten Mann im Porsche-Team einen Sonderpreis gegeben, er hätte zweifellos Gerhard Mitter gebührt.

Gerhard Mitter: immer neue Kraftproben

Mitter, Jahrgang 1935, wurde seit seiner Kindheit nichts geschenkt. Sein Vater lehrte ihn frühzeitig, daß man sich alles im Leben hart erarbeiten müsse. Nach dem Krieg, als die Mitter aus dem Sudetenland nach Leonberg kamen, besaßen sie nicht viel. Aus dem Nichts schufen sie Autowerkstätten in Leonberg, Tübingen und Böblingen. In Gerhards Büro bogen sich die Regale unter der Last silbrig funkelnder Pokale.

An der Wand hing das verbogene Lenkrad, das ihn zeitlebens an den bösen Sturz in Spa erinnert hat, wo ihn die wegfliegende Motorhaube eines Carrera bei 200 km/h von der Straße fegte. Einmal nahm er das Lenkrad von der Wand, um dem Autor die noch vorhandenen Blutspuren zu zeigen. Er fand aber beim besten Willen keine mehr. »Die hat meine Putzfrau leider wegpoliert«, bedauerte Mitter.
Er war nicht der gutmütige Hans-Herrmann-Typ. Das drückte sich schon im Fahrstil aus, der hart und zackig war. Am Montseny in Spanien brach 1968 an seinem Porsche-Bergspyder im Training der Lenkhebel. Mitter rutschte von der Straße, baute den ominösen Lenkhebel eigenhändig aus und präsentierte ihn mit harten Worten den Technikern. Mitter beherrschte alle Tricks – psychologische vor oder praktische im Rennen. Er wußte, welches Kabel er im Falle einer »Notwehr« aus einem schwarzen Kästchen im Cockpit hätte abziehen müssen, um den elektrischen Drehzahlbegrenzer auszuschalten. Der Motor würde dann höher drehen, der Gegner wäre leichter niederzuringen.
Innerlich sensibler, als man von außen annahm, liebte Mitter die harte Tour. In seinem Haus lebte ein scharfer Hund, eine bösartige, grollende Mischung von Chow-Chow und Wolf. Das Tier stand mit allen Tieren der Nachbarschaft in blutiger Fehde und beförderte sogar einmal einen Fremdarbeiter ins Krankenhaus. Und dieses Tier, um das jedermann ängstlich einen Bogen schlug, wie ein Dompteur zu beherrschen gehörte zu Mitters Freizeit-Kraftproben wie das Fliegen oder der Schießsport.
Am 1. August 1969 verunglückte Gerhard Mitter mit einem BMW-Formel-II-Rennwagen ausgerechnet auf jener Rennstrecke, die er heiß liebte, die er »wie sein Schlafzimmer« kannte: auf dem Nürburgring. Es war ein technischer Defekt und kein Fahrfehler. Die Lenkung mußte blockiert haben. Als Siffert/Ahrens den letzten WM-Lauf der Saison 1969, das 1000-km-Rennen auf dem Österreichring, gewannen, war dies der erste Sieg eines Porsche-917. Vor dem Rennen hatte Siffert bei Porsche, was die Wagen betraf, die erste Wahl. Der Schweizer hätte für den schwächeren, ausgereiften, leicht zu fahrenden, gutmütigen Porsche-908 plädiert, der auf dem Österreichring noch dazu kaum langsamer als der weiße Riese war.
Ing. Piech hatte Seppi Siffert aber gebeten: »Sie würden uns einen großen Gefallen tun, wenn Sie trotzdem den 917 fahren...« Siffert nickte und feierte mit Kurt Ahrens einen Sieg, der für Porsche, intern gesehen – mag er auch noch so glücklich errungen worden sein –, sehr viel bedeutete. Das Unternehmen »weißer Riese« konnte den Ausgang der Marken-WM 1969 zwar noch nicht beeinflussen, aber das Jahres-Rennbudget wurde ganz erheblich verteuert.

Wenn man die Produktion der 25-Stück-Serie nicht mitrechnete und den Wert der 16 zum Verkauf freigegebenen 908-Spyder (nämlich 2 Millionen Mark) abzieht, wenn man ferner »die Entwicklung für die Serie nicht dem Rennsport anlastet«, wie Ing. Ferry Piech präzisierte, »was man deswegen nicht darf, weil Porsche diese Entwicklung ja ohnedies durchführen hätte müssen«, dann verblieben laut Piech »um die 8 Millionen Mark«. Ab 1970 aber sollte sich dieser Aufwand amortisieren. Aus dem weißen Riesen, den anfangs niemand fahren wollte und der seiner Bösartigkeit wegen verhaßt war, wurde 1970 und 1971 der schnellste Marathonläufer überhaupt: standfest und immer stärker in Hubraum und Leistung, mit einem geschliffenen Fahrverhalten, bis Le Mans 1971 zu einem aerodynamischen Wunder umfunktioniert, das 380 km/h Spitze erreichte.

Die Riesen aus dem Schwabenland waren nicht mehr weiß, sondern ab 1970 – wo sie auf Grund einer Ehe Porsche-John Wyer dem von Gulf gesponserten britischen Rennteam überantwortet wurden – kachelblau-orange.

Josef Siffert: für Porsche ein Juwel

Wenn es bei Porsche je einen Fahrer gegeben hat, der so hoch im Kurs stand, daß er als unentbehrlich erachtet wurde, dann Josef Siffert. Man hatte den Schweizer schlicht und einfach gern. Man schwärmte immerzu vom Josef, mit dem man leicht auskam, der nie Probleme aufgab, der keine Allüren an den Tag legte und niemals Unfrieden stiftete, der nie meuterte, wenn etwas schiefging, und der niemals Intrigen anzettelte. Porsche wußte, daß man 1969 ohne Siffert mindestens zwei Rennen niemals gewonnen hätte: Brands Hatch und das 1000-km-Rennen von Monza. Porsche war deshalb im Herbst 1969 fest gewillt, dieses Juwel Siffert zu halten – um jeden Preis. Und da ihm auch von Ferrari der Hof gemacht wurde, hatte ihn Porsche-Rennleiter Rico Steinemann den ganzen Herbst über beschattet, um zu verhindern, daß Seppi voreilig einen (Ferrari-)Vertrag unterschrieb. Siffert forderte von Porsche: »Verschafft mir doch einen konkurrenzfähigen Formel-I-Rennwagen!«

Steinemann verhandelte mit Brabham und McLaren, schließlich wurde Siffert hinter Chris Amon die Nummer zwei bei March. Porsche war es gelungen, Siffert für das John-Wyer-Team zu konservieren, sein Salär aber bezog er auch 1970 vom Stuttgarter Werk.

March wurde für Siffert ein Debakel: Motorschäden, lecke Tanks, blockierende Bremsen und gerissene Radaufhängungen hätten jeden

*Porsches Maximum:
der 917-30, mit dem George Follmer (1972) und Mark Donohue
(1973) den Canadian-American Cup gewannen. Leistung:
1200 PS in der letzten Version.
Beschleunigung: von 0 auf 300 km/h in sagenhaften 11 Sekunden! (Werksfoto Porsche)*

anderen Fahrer moralisch ruiniert. Nur ein Siffert, dessen Karriere ein einziger Spießrutenlauf war, bekam keinen Knacks.

Im John-Wyer-Team fühlte sich der Schweizer nicht unbedingt wohl. David York, John Wyers rechte Hand, ist ein sehr kaltschnäuziger, scheinbar gefühlsarmer Mann, von dem Siffert den Eindruck gewann, er würde immer nur Pedro Rodriguez bevorzugen. Vieles sprach für diese Theorie: Am Nürburgring griff Brian Redman selbst zu den Signaltafeln, um Siffert über seinen Rückstand auf Rodriguez zu informieren. Yorks Zeitzeichen galten ausschließlich dem Mexikaner. In Le Mans durfte Siffert immer nur zwei bis drei Runden trainieren, dann holte man ihn zur Box. Rodriguez hingegen hatte freie Fahrt, solange es ihm beliebte.

Siffert und Rodriguez, der eiskalt operierende Schweizer und der bis zum Irrwitz mutige Mexikaner, starben in der gleichen Saison. Rodriguez im Juli, Siffert im Oktober 1971. Des Mexikaners Ferrari ging nach einer Kollision beim Interserie-Rennen auf dem Nürnberger Norisring in Flammen auf, Josef Sifferts Formel-I-BRM brach in Brands Hatch plötzlich auf der Geraden aus, schoß in die Böschung, explodierte.

Eine Epoche war zu Ende, die zu den bemerkenswertesten in der Geschichte der Langstreckenrennen zählt. Mit Siffert und Rodriguez waren die zwei brillantesten Langstreckenpiloten dahingegangen, und als ab 1972 der Hubraum der Marken-WM auf 3 Liter begrenzt wurde, waren auch Porsches Hubraumriesen eliminiert. Abgesehen davon, daß der 917 als Plattform für neue Versionen mit Turbolader diente, waren seine Tage gezählt.

# Ferrari — oder: Ein Pferd, das springt und lahmt

War der Sieg des Argentiniers Gonzales in Silverstone 1951 der allererste Ferrari-Triumph in einem Formel-I-Weltmeisterschaftslauf, so bescherte der Österreicher Niki Lauda dem greisen Kommendatore in Jarama den 50. Sieg. Commendatore Enzo Ferrari: Das ist ein Mann, der wie ein Patriarch über sein Werk regiert. Italiens Auto-Papst nennt man ihn. Ein Mann, der einst Operntenor werden wollte und dann durch die Liebe zum Automobil auf diesem Sektor Einzigartiges leistete. Das Pferd, das der Fliegerheld Francesco Baraca im Ersten Weltkrieg auf den Rumpf seines Jagdflugzeuges gemalt hatte, ist seit 1923 das Wappentier aller Ferrari-Wagen: schwarz springt es auf gelbem Hintergrund, Gelb ist die Farbe Modenas.
Enzo Ferrari ist eine derartige Autorität, daß seine Mitarbeiter in einer ständigen Kniefallhaltung leben: wenn schon nicht körperlich, dann immerhin geistig. Enzo Ferrari fuhr früher selbst Rennen, bevor er 1929 seinen eigenen Rennstall, die »Scuderia Ferrari«, gründete, die Alfa-Romeo-Rennwagen einsetzte. In Maranello besaß Ferrari ein Stück Land, deshalb begann er Ende 1943 dort eine eigene Fabrik zu errichten. 1947 tauchte bei einem Rundstreckenrennen in Piacenza unter dem Italiener Franco Cortese der erste Ferrari-Sportwagen auf. Der italienische Sportjournalist Corrado Millanta erinnert sich: »Das Auto lief wie die Pest und hatte einen völlig ungewohnten Ton. Cortese führte überlegen, schied aber wegen einer defekten Benzinpumpe aus.«
Dieser erste Ferrari vom Typ 125 besaß erstmals einen V-12-Zylinder-Motor. Seit Enzo Ferrari kurz nach dem Ersten Weltkrieg die 12-Zylinder-Motoren der amerikanischen Firma Packard gesehen hatte, war er von dieser Bauart völlig besessen. Zwölf Zylinder wurden für Ferrari eine Norm, mehr noch: ein technisches Glaubensbekenntnis. Ing. Colombo hatte den Urahn aller V-12-Ferrari-Motoren konstruiert, damals mit 1500 ccm Hubraum. Für Ferrari bedeutet der Motor alles. Das Chassis hatte immer schon Nachrang.
Heute steht Enzo Ferrari (Jahrgang 1898) seinen Fünfzehnstunden-

tag durch. Und je älter er geworden ist, um so mehr entrückte seine Person in die Legende. Monza ist der einzige Rennplatz, den Enzo Ferrari dann und wann mit seiner Anwesenheit beehrt, für Monza verläßt er sein spartanisch eingerichtetes Arbeitszimmer, in dem vor dem Bild seines 1956 verstorbenen Sohnes Alfredo-»Dino« Tag und Nacht zwei Kerzen brennen.
Fast jeden Tag besucht Enzo Ferrari auf dem Friedhof San Cataldo das Grab seines Sohnes, der noch auf seinem Krankenlager jenen

Alberto Ascari auf Ferrari: unbesiegbar in den Jahren 1952 und 1953 (Foto Julius Weitmann)

V-6-Zylinder-Rennmotor entworfen hatte, der dann gleichsam wie ein Denkmal seinen Namen trug: Dino-156.

Sein Sohn war für ihn alles. Er hat nie aufgehört, ihn in der Person anderer Menschen zu suchen. Manchmal waren auch Rennfahrer unter diesen Leuten, denen er dann so etwas wie väterliche Gefühle entgegenbrachte. Peter Collins und Wolfgang von Trips sollen ihm besonders nahegestanden sein. Aber im Grunde genommen gehört Enzo Ferraris ganze Liebe nie dem Menschen, sondern nur seinem Werk; immer nur seinen Rennwagen.

Er geht völlig in seiner Arbeit auf, er lebt bescheiden und zurückgezogen. Bei Pressekonferenzen pflegt er seine Gäste mit »Cari Amici« – »teure Freunde« zu begrüßen. In dem folgenden Frage-und-Antwort-Spiel versteht er es meisterhaft, heikle Fragen mit ausweichenden, oft lakonischen, fast zynischen Antworten zu umschreiben. Er hat etwas päpstlich Unnahbares an sich. Daß ausgerechnet sein Friseur, den er tagtäglich besucht, sein Intimus ist, macht uns Enzo Ferrari, den Juan Manuel Fangio als den »Richelieu und Metternich des Automobilismus« bezeichnet, noch rätselhafter. Es gibt kaum einen Menschen, dem er sich so unverblümt anvertraut, wie diesen Friseur, der hinter vorgehaltener Hand im Werk als sein »Beichtvater« bezeichnet wird.

Ascari auf Ferrari

Auch mit der Tatsache, daß sein Pressechef Dr. Franco Ghozzi mit der Tochter des »Beichtvaters« verheiratet ist, läßt sich dieses Vertrauensverhältnis wohl nicht erklären. Dr. Franco Ghozzi: Das ist ein Mann, der wie ein Heldentenor der Mailänder Oper aussieht und nach einem Ferrari-Debakel im 24-Stunden-Rennen von Le Mans überraschend seine Funktion als sportlicher Leiter zurücklegte – oder verlor. Der Verschleiß an Rennleitern war bei Ferrari seit jeher ungeheuerlich. Mit dem Commendatore ist einfach schwer auszukommen.

Die 50 Grand-Prix-Siege der feuerroten Ferrari-Boliden zwischen dem 14. Juli 1951 und dem 28. April 1974 verteilten sich auf folgende Fahrer: Alberto Ascari 13 Siege; Jacky Ickx 6; John Surtees 4; Juan Fangio, Mike Hawthorne, Peter Collins und Phil Hill je 3; Froilan Gonzales, Tony Brooks, Graf Trips je 2 Siege; Nino Farina, Giancarlo Baghetti, Piero Taruffi, Maurice Trintignant, Lodovico Scarfiotti, Lorenzo Bandini, Clay Regazzoni, Mario Andretti und Niki Lauda je ein Sieg.

So überlegen wie in den Jahren 1952 und 1953, wo Alberto Ascari zwei Weltmeistertitel herausfuhr, war Ferrari bis heute nie mehr ge-

Motorische Überlegenheit: Wolfgang von Trips, 1961 im Formel-I-Ferrari (Foto Julius Weitmann)

wesen. Ascari siegte auf Ferrari: dieser Satz tönte Woche für Woche aus dem Rundfunk. Die Fahrerweltmeisterschaft war damals für Formel-II-Wagen ausgeschrieben, die für Saugmotoren ein Hubraumlimit für 2 Liter vorsah. Ferrari-500 hieß Ascaris Rennwagen: Er besaß einen Vierzylindermotor mit zwei obenliegenden Nockenwellen, der 1952 185 PS leistete. Im Jahr darauf wurde die Leistung auf 190 PS gesteigert.

Alberto Ascari, der 1918 in Mailand geboren wurde, wirkte verweichlicht, er hatte einen dicken Oberkörper, er war alles nur nicht der Typ des Rennfahrers. Zu seiner Zeit aber war er ein Gott, Italien lag ihm zu Füßen, der Name Ferrari wurde auf der ganzen Welt bekannt. Als Ascari auf dem Nürburgring bei 230 km/h das rechte Vorderrad davonflog, brachte er den Ferrari auf drei Rädern sicher zum Stehen. Als er 1955 in Monte Carlo ins Meer stürzte – sein Lancia-Ferrari ging wie ein Stein unter, Ascari rettete sich schwimmend ans Ufer, — sagte man: Alberto sei eben unverwundbar. Vier Tage später probierte er auf der Monza-Bahn den privaten Ferrari eines Freundes. »Nur ein paar Runden«, sagte Alberto, »ich möchte nur sehen, ob ich wieder ganz in Ordnung bin.«

Er rauschte ab. In der dritten Runde kam er von der Strecke. Alberto Ascari, Italiens größter Automobilrennfahrer, war tot.

Enzo Ferrari sagte über ihn: »Er wußte genau, was er wollte, und verfolgte eigensinnig sein Ziel. Wenn er allerdings beim Start Zweiter war oder noch weiter zurücklag, brachte er niemals jenen Kampfgeist auf, den ich mir für ihn in gewissen Situationen oft sehr gewünscht habe!«

Eugenio Castelotti war auf dem besten Wege, ein neuer Ascari zu werden: er gewann 1959 die Mille Miglia bei strömendem Regen auf einem Ferrari. Völlig steifgefroren und durchnäßt kam er in Brescia an. Er hatte eine unglaubliche Leistung vollbracht. 1957 verunglückte er in Modena bei einer Testfahrt tödlich. »Eugenio«, erinnert sich Enzo Ferrari in seinen Memoiren, »machte gerade eine seelische Krise durch. Er war verbittert und zerstreut, als er in den Wagen stieg ....«
»Luigi Musso«, behauptete Enzo Ferrari, »war der letzte italienische Rennfahrer von Weltklasse; ich möchte sagen, das letzte Beispiel einer Schule, deren Stil vollkommen war und die mit Zazzaro und Varzi begonnen hatte.« Als Musso 1958 in Reims mit einem Ferrari tödlich verunglückte, hatte Italien lange Jahre keinen Fahrer der absoluten Weltspitze mehr – erst Lorenzo Bandini hatte ab 1964 wieder Format.
1958 wurde Mike Hawthorne auf Ferrari Weltmeister. Dann schien das Ferrari-Rot auf den Grand-Prix-Pisten zu verblassen, das »British Racing« Green dominierte. Aber bereits 1961 war gegen die Ferrari wiederum kein Kraut gewachsen. Nach dem Unglücksrennen von Monza, in dem Wolfgang Trips nach einer Kollision mit Jim Clark den Tod fand und mit ihm sechzehn Zuschauer, hieß der neue Weltmeister Phil Hill – auf Ferrari.
In Maranello kam es trotz allen Erfolgen zu einem Exodus einer Sechsmanngruppe von Unzufriedenen, darunter Rennleiter Romolo Tavoni, Giotto Bizzarini und Ing. Chiti. Sie ließen sich von der neugegründeten Firma ATS in Bologna anwerben.
An das Jahr 1962 erinnert sich Phil Hill nur noch mit großer Verbitterung: »Ich hätte meinen WM-Titel besser verteidigen können.« Und er ließ durchblicken, daß Ferrari die maschinelle Unterlegenheit mit immer neuen Intrigen stets noch multipliziert hatte.

Fiats Rennabteilung

Wenn Ferrari auf irgendeinem Sektor Niederlagen in Kauf nehmen mußte, dann einfach deswegen, weil man nicht nur Formel-I-Rennen, sondern auch Langstreckenrennen beschickte. Der Kampf gegen die britischen Spezialisten, gegen kleine Teams, sie sich nur auf die Formel I und nichts sonst konzentrierten, wurde immer härter. Mit John Surtees gewann 1964 ein Ferrari-Pilot die Weltmeisterschaft. Surtees, der sich fanatisch für Ferrari einsetzte und über diese Zeit resümiert: »Wir hatten unsere Höhen und Tiefen, doch alles in allem verbrachte ich bei Ferrari glückliche Jahre. Ich hatte einige ganz gute Wagen, einige durchschnittliche und ein paar ganz schlechte.« Surtees trennte sich

Enzo Ferrari mit John Surtees: auf der Suche nach dem verlorenen Sohn...
(Foto Julius Weitmann)

Mitte 1966 mit Krach von Ferrari: »Es war eine Prinzipsache...«, behauptet der Brite.
Im Juli 1969 erkaufte sich Fiat fünfzig Prozent Anteile an Ferrari. Diese Partnerschaft widersprach allen Prinzipien des eigensinnigen Commendatore, doch es ging hier nicht mehr um Prinzipien, sondern um den Fortbestand seiner Firma und seines Rennstalls. Mit Fiats Rückendeckung und technischer Entwicklungshilfe konnte der alte Mann sorgloser in die Zukunft blicken. Die Fäden für das Renngeschehen blieben weiterhin in seiner Hand. Und weiterhin gab es für Ferrari Höhen und Tiefen.
Ende 1970 hatte es den Anschein, als würden die italienischen Zwölfzylinder die große Cosworth-Dämmerung heraufbeschwören. Als Jacky Ickx in Kanada und Mexiko gewann, Mario Andretti 1971 den Auftakt in Südafrika für sich entschied, schien eine neue Ferrari-Ära in der Formel I anzubrechen. Doch die roten Renner bogen wieder auf die Kriechspur des Erfolges ein. Ickx gewann 1971 in Zandvoort und 1972 am Nürburgring. Das war alles.
Mit dem Fiat-Riesen im Hintergrund, wurde der Ferrari-Zwerg zwar bei Langstreckenrennen – als sich Porsche zurückzog – konkurrenzfähig, doch nicht in der Formel I. Streiks und Intrigen lähmten den Rennbetrieb.
Immerhin gelang es dem Schweizer Dr. Peter Schetty, das Team aus-

Das Ende einer sieglosen Zeit: Niki Lauda deklassierte im spanischen Grand Prix 1974 seine Gegner (Foto Alois Rottensteiner)

gezeichnet zu organisieren und selbst zwischen so ehrgeizigen Piloten wie Ickx-Andretti-Regazzoni ein recht freundschaftliches Verhältnis aufzubauen.

1973, als Jacky Ickx noch für Ferrari fuhr, waren die technischen Probleme wieder einmal nur die Folge eines menschlichen Kleinkrieges. Für 1974, als Niki Lauda und der Schweizer Clay Regazzoni engagiert wurden, begann der 26jährige Dr. Lucca Montezemolo aus Rom das Team zu reorganisieren.

»Mein Job ist nicht einfach«, sagt Montezemolo. Er arbeitete früher in der Rechtsabteilung von Fiat, ging nach Amerika und erwarb an der Columbia-Universität den Doktor der Wirtschaftswissenschaften. Heute ist er nicht nur die rechte Hand des von Fiat bei Ferrari tätigen Generaldirektors, sondern Enzo Ferraris Sonde, die empfindlich genug ist, um bis in das Gehirn seiner Piloten zu reichen.

Enzo Ferrari ist immer nur angewiesen auf die Berichte seiner Mitarbeiter, da er selbst ja nie zu den Rennen geht. »Hier«, hakt Doktor Montezemolo ein, »begann die ganze Misere. Man muß Enzo Ferrari keinen persönlich gefärbten Bericht liefern, sondern muß ihn über den wahren Lauf der Dinge unterrichten, nur dann ist er in der Lage, richtige Entscheidungen zu treffen.«

1973 intrigierte jeder gegen jeden. Der Motorenspezialist gegen den Chassistechniker, der Renningenieur gegen den Fahrer. Der Fahrer (Ickx) wurde lustlos, sah sich plötzlich von der Crew isoliert. Enzo Ferrari kam zu der Ansicht, daß für die Mißerfolge jeweils der Fahrer zu verantworten sei. »Nun sind alle Kompetezen scharf abgegrenzt«, betonte Montezemolo. Er ist ein Mann mit scharfem Verstand, sen-

sibel, gebildet, ungeheuer wendig, mehr Psychologe denn Rechtsanwalt. Niki Lauda, am neuerlichen Ferrari-Höhenflug maßgeblich beteiligt, meint: »Die kleinen Probleme, die anfallen, werden sofort geklärt, nur so läßt sich jede Intrige im Keim ersticken.«

1974 umfaßt die Rennabteilung 125 Mann. Die Ingenieure Forghieri und Rocci leiten das Büro für technische Entwicklung, Ing. Bussi ist für die Motoren verantwortlich, Ing. Caliri ist der Techniker auf den Rennplätzen.

Forghieri und Rocci haben auch jenen 12-Zylinder-Boxermotor geschaffen, der 1974 in der Formel-I-Version ca. 486 bis 492 PS abgibt. Lauda/Regazzoni dürfen dieses Kraftwerk bis 12.600 Touren drehen. Ferraris 312/B3 ist dank einem umfangreichen Testprogramm auf dem werkseigenen Prüfgelände Fiorano eine ganz scharfe Waffe geworden: das schwarze Pferd, lange Zeit huflahm, galoppierte in der Rennsaison 1974 wie selten zuvor. Gemessen an den technischen Möglichkeiten unterscheiden sich Rennställe wie Tyrrell, McLaren oder Brabham vom Ferrari-Werk ohnehin wie ein Verein zur Förderung des Drachensteigens von der NASA.

In Spanien 1974, als Ferrari mit Lauda/Regazzoni einen Doppelsieg feierte, wurde klar: Ferrari-Siege feiert man anders. Mit Herz und Tränen, mit unartikulierten Schreien, mit chaotischer Begeisterung. Niki Lauda wurde geküßt, umklammert, zerdrückt und wie ein Teddybär herumgezerrt. »Wie lange habe ich auf diesen Augenblick hingearbeitet« – im Kreuzverhör mit der Weltpresse brachte Lauda diesen Satz wie eine versteckte Fußnote an, mehr zu sich selbst gesprochen, vielleicht auch nur laut gedacht.